UNTACT AGE
젊은 리더들을 위한
철학 수업

불안의 시대,
자기 철학이 있는 자만이 미래를 열 수 있다!

UNTACT AGE

젊은 리더들을 위한 철학 수업

What Is Water?:
How Young Leaders Can Thrive in an Uncertain World

케이반 키안 지음 | 서나연 옮김

HC books

Per asepra ad astra

역경을 딛고 별을 향하여

힘든 시기를 겪고 있는 이들에게 바칩니다.

차례

들어가며   15

1장 인식과 선택   19
2장 긍정과 부정   41
3장 강점과 약점   85
4장 나와 다른 사람들   111
5장 '이유'와 '방법'   141
6장 시작과 끝   167

사랑과 작별   183
감사와 경이   187

부록 A: 개인 역량 좌표   190
부록 B: 나의 통제권에 있는 다른 것들   191
부록 C: 생각, 발상 그리고 그 밖의 것들   194

저자에 대하여   198
출처/참고문헌/미주 : H₂&O   199

들어가며

"생각하는 방법을 배운다고 할 때…… 사실은 무엇을 어떻게 생각할지 통제하는 방법을 배운다는 뜻이다. 무엇에 관심을 가질지, 경험에서 의미를 어떻게 구성할지에 대해 선택할 수 있을 만큼 자각하며 인식한다는 뜻이다. 성인의 삶에서 이런 선택권을 행사할 수 없거나 하지 않는다면, 완전히 낭패를 볼 것이기 때문이다."

— 데이비드 포스터 월리스

태어난 그 순간부터, 세상은 우리가 감당해야 할 도전과 기회를 들이민다. 지금 모든 일이 잘 되고 있는가? 어떤 일이 닥치더라도 감당할 수 있다는 신념과 확신이 있는가? 그렇다면 이 책은 적당하지 않다. 그냥 책을 덮어도 좋다.

하지만 혹시 힘든 시기가 때때로 찾아온다고 느끼고, 인생에 닥치는 모든 것에 대해 준비가 되지 않은 것 같다고 생각하는가? 스스로 성장하고 성공할 수 있을지, 무슨 일이 닥쳐도 대처할 수 있고 또 다른 사람들을 이끌어나갈 수 있을지 의구심이 든다면 이 책은 바로 당신을 위한 책이다.

이 책에서는 새로운 아이디어라고는 아무것도 찾을 수 없다. 대신 2천 년 전 또는 바로 오늘 아침에 실제로 도움이 되었던 것, 실생활에서 사람들이 어려움을 딛고 더 강하게 성장할 수 있도록 도와준 '생각의 다양한 방식'을 찾을 수 있다.

이 책을 통해 에픽테토스를 비롯하여 마틴 셀리그만, 나심 탈레브, 마리 퀴리, 팀 페리스, 줄리 가트맨·존 가트맨 부부, 데이비드 앨런, 마리암 미르자카니, 아멜리아 에어하트, 세네카, 플로렌스 나이팅게일, 브루스 리, 라이언 홀리데이, 노자 그리고 이름이 덜 알려진 사상가들에 이르기까지 많은 사람의 생각에서 큰 영향을 받게 될 것이다.

모든 연령대의 사람들에게 도움이 될만한 보편적이고 단순한 무언가를 제안하는 것이 이 책의 목표다. 개인의 발전이나 사회 변화를 꾀하는 것이 아니다.

다만 언제라도, 어떤 상황이라도 더 많은 선택지가 있다는 사실을 깨닫게 하려는 것이다. 그러므로 이 책은 어디에 있든 길을 찾아 성공할 수 있게 해주는 안내자이자 좋은 친구로 생각하면 된다.

첫 번째 장에서는 우리가 살고 있는 세계와 그 세계가 제시하는 어려운 시험대를 어떻게 바라보아야 할지 알아보겠다.

다음으로는 고대 스토아학파의 사고방식을 빌려와서 그 어려운 시험을 다루는 토대로 삼을 것이다. 이렇게 보편적인 토대를 다진 뒤에는 나머지 장을 통해 다양한 주제에 그 기본적인 사고방식을 적용해보겠다. 여기서 다루는 주제들은 선구적인 사상가인 마틴 셀리그만의 페르마PERMA 모형을 이용해 연구하고 종합하여 구조화하였다. [1]

이 책을 읽는 방법은 하나로 정해져 있지 않다. 앞에서부터 쭉 읽어나갈 수도 있고, 가장 흥미로운 장들만 골라서 읽어도 좋다. 자신에게 가장 관련이 깊은 내용을 자유롭게 선택하면 된다. 우리가 논의하는 개념을 직접 적용해볼 수 있도록 책 곳곳에 연습문제를 준비해두었다.

읽으면서 모두 해보아도 좋고, 다음 기회를 위해 남겨두어도 괜찮다. 자신이 선호하는 방식으로 변형할 수도 있다. 삶은 나의 것이고, 이 책도 자신을 위한 것이니까.

여기 소개한 실용적인 연습 방법은 7년 동안 세계 각국의 '영 리더스 포럼' 워크숍에서 수천 명의 참가자와 저자들, 기고자들에게 검증받은 공동 작업의 결과물이다. 여러분에게 이 모든 것을 공유하게 되어 무척 기쁘다.

마음껏 즐기길 바란다!

1장

...

인식과 선택

· · ·

오래전에 다이달로스라는 사람이 살았다. 미노스 왕을 위해서 크레타섬에 미궁迷宮 라비린토스Labyrinthos를 만들었다. 하지만 미노스 왕과 갈등을 일으킨 뒤에, 자신이 창조한 미궁에 갇히는 신세가 되었다. 뛰어난 장인이자 발명가였던 다이달로스는 섬에서 탈출하기 위해 날개를 만들기로 하고, 깃털과 밀랍을 이용해 자신과 사랑하는 아들 이카로스가 쓸 날개를 한 쌍씩 만들었다.

날아오르기 전에 그는 아들에게 너무 낮게 날아 바닷물에 가까이 가거나, 너무 높이 날아 태양에 가까이 가지도 말고, 자신이 이끄는 대로 중간 높이에서 날도록 주의를 주었다. 막상 하늘로 날아오르자, 이카로스는 비행의 황홀함에 빠져서 아버지의 말을 잊어버렸다. 태양에 가까워진 이카로스의 날개는 녹아내리기 시작했다. 뒤늦게 상황을 깨달은 이카로스는 결국 하늘 높은 곳에서 바닷속으로 추락하고 말았다.

이카로스의 이야기는 흔히 오만함을 경계하라는 뜻으로 풀이되곤 한다. 이 이야기가 들려주는 교훈은 자신을 과대평가하고 건방지게 굴다가는 이카로스처럼 스스로 몰락할 수도 있다는 것이다.

하지만 다르게 생각해보면 어떨까? 환경에 적합한 채비만 갖추고 있다면, '더 높이 나는 것'에는 아무런 문제가 없다. 환경을 바꾸는 것도 문제가 되지 않는다. 밀랍으로 만든 날개를 가진 이카로스는 적절한 준비가 되어 있지 않았다. 자신이 밀랍 날개를 단 채, 때로는 태양에 너무 가깝게 날아다니는 것 같다고 느끼는 사람이 얼마나 많을까? 이런 상황은 어떻게 만들어진 것일까? 여기에서 자신의 선택이 낳은 결과가 차지하는 부분은 어느 정도이고, 이미 정해진 부분은 또 얼마나 될까?

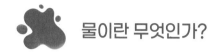

물이란 무엇인가?

끊임없이 앞장서 나가고, 성장하며, 성공하는 방법을 배우고자 한다면 어디서부터 시작해야 할까? 좋은 출발점은 바로 '환경'이다.

우리가 처한 환경은 저마다 특별한 태도와 능력과 수단을 요구한다. 고립되어 있거나 무균실에 살지 않는 한, 우리 주변에는 날마다 어떤 일들이 끊임없이 일어난다. 별것 아닌 이야기처럼 들릴지도 모르겠다. 하지만 그 별것 아닌 것들 사이에서 환경이 우리에게 요구하는 것들을 깨닫고, 계속 의식하며 지내기는 매우 힘든 일이다.

작가 데이비드 포스터 월리스David Foster Wallace는 어린 물고기 둘과 나이 든 물고기의 만남에 관한 짧은 이야기 속에서 이러한 어려움을 그려낸다.

나이 든 물고기는 헤엄을 치며 지나가다 이렇게 묻는다.

"안녕, 얘들아, 물은 좀 어떠니?"

얼마간 시간이 흐른 뒤에, 어린 물고기 하나가 어리둥절한 표정으로 다른 물고기에게 묻는다.

"도대체 물이라는 게 뭐야?"[*2]

이번 장에서는 우리의 '물'을 자각하고, 계속 의식하는 방법에 대해 탐색해 보겠다. '물'은 우리가 사는 환경과 그 환경의 영향을 뜻한다. 스스로 물 위로 올라와 자신이 있는 자리를 새로운 시각으로 바라볼 기회를 만들어보자.

이를 통해 내 삶의 풍경을 구성하는 것은 무엇인지 살펴보고, 조사하고, 규명하여, 다시 물속으로 들어가기 전에 어떤 변화를 만들고 싶은지 결정하는 첫걸음을 뗄 수 있다.

자신이 처한 환경에 대한 인식을 높이기 위해서, 간단한 연습부터 시작해보자.

젊은 리더들을 위한 철학 수업

물 가까이 들여다보기

• • •

지난 6~12개월 동안 일어난 모든 일을 생각해보자. 그중에서 오래 기억에 남고, 자신에게 영향을 끼친 사건들을 적어보자. 긍정적인 면이나 부정적인 면에 주목할 수도 있고, 특정한 지역에 관련한 문제나 전 세계적인 문제 등 어떤 것이든 좋다. 다음에 나오는 질문들이 길잡이가 되어줄 것이다.

세계의 물

- 지난 6~12개월 동안 나온 뉴스 중에서 떠오르는 머리기사는 무엇인가?
- 지금도 생각나는 정치적 사건과 경제적 사건은 무엇인가?

지역의 물

- 내가 사는 지역, 도시, 동네에서 어떤 일이 일어났나?
- 1년 전에는 그렇지 않았지만, 지금은 익숙해진 것은 무엇이 있나?

개인의 물

· 나의 개인적 삶과 주변 사람들의 삶에는 어떤 일이 일어났나?

· 현재의 삶은 1년 전과 어떻게 달라졌나?

세계의 물

지역의 물

개인의 물

젊은 리더들을 위한 철학 수업

물은 어떤가?

• • •

앞에 적은 내용을 깊이 생각해보자.

내가 작성한 사건과 상황에 대해 어떤 느낌이 드는가?

내가 묘사한 세계의 물과 지역의 물에 대해 주변 사람들은 어떻게 느

낄까?

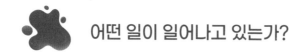 # 어떤 일이 일어나고 있는가?

물론 저마다 다른 지역적 상황이나 개인적 상황에 대해 서로 논의하기는 어렵다. 각자 처한 상황이 다르기 때문이다. 그러나 우리에게 가장 폭넓은 공통분모인 세계적 상황을 대상으로 삼을 수는 있다.

세계의 물은 뷰카VUCA:Volatile, Uncertainty, Complexity, Ambiguity로 설명할 수 있다. 즉 우리의 세계는 많은 사람에게 변동적이고 불확실하고 복잡하며 모호하게 느껴진다.[3] 이를 지극히 단순화시킨다면 다음과 같이 설명할 수 있다.

- "항상 더 빠르게 변화한다."
  → 안정성에 반대되는 변동성
- "다음에는 어떤 일이 일어날지 전혀 모르겠다."
  → 확실성에 반대되는 불확실성
- "모든 것은 다른 모든 것과 연관되어 있다."
  → 단순성에 반대되는 복잡성
- "무엇을 알아야 하는지조차 모르겠다."
  → 명확성에 반대되는 모호성

젊은 리더들을 위한 철학 수업

세상은 원래 이런 식이었다고 말할지도 모르겠다. 심지어 2천 년 전에도 헤라클레이토스는 "변하지 않는 유일한 것은 바로 변화한다는 사실이다."라고 했다. 하지만 늘 그래왔더라도, 어떤 시기는 다른 시기에 비해 더 극심한 뷰카의 상태로 느껴진다고 할 수도 있다. 주변 세계가 전보다 더 빠른 속도로 변한다고 느끼는가? 고도로 연계된, 예측 불가능하고 불확실한 세계에서 끊임없이 닥치는 예기치 못한 일을 그저 기다릴 수밖에 없다고 느끼는가? 그렇게 느끼는 사람은 확실히 혼자가 아니다.

안정성과 통제를 꿈꾸다

그래서 뭐 어쩌란 말인가? 이게 왜 중요할까? 우리는 뷰카 세계의 환경이 사람들에게 힘든 싸움이 되리라는 사실을 직관적으로 알 수 있다. 사람들에게 변동성이 더 커지길 바라는지, 줄어들기를 바라는지 물어보면 어떨까? 아마도 대부분 이렇게 대답할 것이다.

"난 상당히 모험적인 사람이긴 하지만, 지금은 괜찮아요. 그리고 지금보다 적어진다고 해도 괜찮아요."

사람들은 변동성보다는 안정성, 불확실성보다는 확실성, 복잡성보다는 단순성, 모호성보다는 명확성을 더 선호할 것이다.

게다가 변동적이고 불확실하고 복잡하고 모호한 상황이 보여주는 명백한 어려움만이 전부가 아니다. 이 힘든 싸움의 핵심에는 통제력의 결여라는 당혹스러움이 기다리고 있다.

일반적으로 성공은 안정적이고 안전하게 느끼는 환경에 있을 때 이루어진다. 운명을 통제할 수 있다는 의식은 스트레스를 더 잘 관리하고, 업무 실적을 더 높이며, 심지어 면역 체계를 강화하는 효과를 낳기도 한다. 하지만 통제력이 없다는 느낌은 그 반대 현상으로 이어질 수 있다. 우울감과 스트레스, 극도의 피로감이 더해지고, 의욕적으로 참여하는 비율도 줄어든다.[4][5][6]

젊은 리더들을 위한 철학 수업

뷰카 세계에서 성공하기

그러니까 모든 것이 정말로 어렵다. 하지만 여기서 행운을 빌어줄 테니 혼자 알아서 잘해보라고 하는 것은 아니다. 주변 환경의 압박에 못 이겨 주저앉지 말라고 경고해주려는 것도 아니다. 이번 장의 목적은 상황을 뒤집어보기를 권하는 것이다. 그래서 이 곤경을 완전히 다른 방식으로 보게 하는 것이다. 뷰카 세계에서 우리는 어떻게 앞서 나가고, 성장하고 성공할 수 있을까? [7]

이 질문에 답하기 전에 먼저 함께 시작할 사람들을 찾아보자. 현실의 도전에 직면하여 뷰카 세계를 성공적으로 항해하는 사람들이야말로 나와 함께 시작하기에 가장 적합하지 않겠는가?

연습 2

뷰카 물을 잘 헤쳐나가는 롤 모델

• • •

내가 동경하는 세계에서 무언가를 이루었거나 무언가를 이루고 있는 사람을 생각해보자. 누구든 자유롭게 선정할 수 있다. 이웃, 친척, 동료, 친구 또는 뉴스에서 기사로 읽었거나, 소셜 매체에서 본 사람도 괜찮다.

머릿속에 누군가를 떠올렸다면, 잠시 시간을 가지고 생각해보면서 다음 질문에 답을 적는다.

내가 감탄하는 롤 모델의 행동은 어떤 것들인가?

젊은 리더들을 위한 철학 수업

롤 모델은 어떤 사고방식을 가지고 있을까?

롤 모델은 다른 사람들이 뷰카 세계에서 길을 찾아가는 데 어떻게 도움이
되었는가?

하나의 롤 모델을 분석하는 것은 좋은 출발점이며, 통찰을 줄 수 있다. 하지만 한 사람에게 효과가 있는 것이 곧 다른 사람에게도 잘 통하는 것은 아닐 수도 있다. 그렇다면 다수의 롤 모델 집단을 분석해보면 어떨까? 그들에겐 어떤 공통점이 있을까?

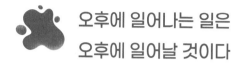

오후에 일어나는 일은
오후에 일어날 것이다

뷰카 환경에서 성공한 사람들이 특유의 사고방식을 공통분모로 가진다고 생각해보자. 어떤 태도가 그에 걸맞은 사고방식이 될 수 있을까? 그것은 바로 고대 스토아학파에서 가르쳤던 마음가짐이다. 간단히 설명하면 그 태도의 본질은 '스스로 통제할 수 있는 것에 철저히 집중하는 것'이다.

한 번 더 반복해보자. 스스로 통제할 수 있는 것에 철저히 집중하기. [8]

나의 통제력 밖에 있는 것은 언제나 무한히 많다. 하지만 동시에 나의 통제력 안에도 분명히 무언가가 있다. 그 둘 사이를 얼마나 잘 구분할 수 있는가?

누구나 날마다 똑같이 24시간을 가진다. 그 시간 대부분을 자신의 통제력 밖에 있는 여러 가지 것들에 정신이 팔린 채 보낼 수도 있다. 반면 같은 양의 시간을 실제로 자신이 통제할 수 있는 것들에 투자하여 자신의 삶을 발전시키고 친구와 가족, 동료, 조직, 이웃, 사회 등에 긍정적인 영향을 끼칠 수도 있다.

이런 사고방식은 수 세대에 걸쳐 전해 내려왔다. 고대 스토아학파에서는 아그리피노스의 이야기를 자주 언급했다.

어느 날 아침, 누군가 아그리피노스의 집에 갑자기 찾아왔다. 그 사람은 오후에 열리는 재판에서 원로원이 아그리피노스의 운명을 결정할 것이라고 말해주었다. 하지만 이 소식을 들은 아그리피노스는 평소와 다름없이 운동을 하러 갔다. 주변 사람들이 그의 태도에 놀라서, 도대체 어떻게 그런 반응을 보일 수 있는지 묻자, 아그리피노스는 이렇게 답했다.

"그건 간단하지. 나는 단 하나 '내가 내 문제를 더 보태지 않는다'는 좌우명으로 인생을 살아왔거든."

아그리피노스의 재판은 오후에 있었고, 아마도 그는 이렇게 생각하지 않았을까?

"오후에 일어나는 일은 오후에 일어날 것이다. 하지만 나는 내 손과 내 생각으로 거기에 무엇이라도 더하기를 거부한다. 자, 나와 같이 즐거운 운동을 하러 가지 않겠나?" [9]

물론 이 이야기는 특정한 말에 관한 것이 아니다. 그 말이 암시하는 렌즈, 소위 사고방식이라는 것에 관한 이야기이다. 아그리피노스처럼 "내가 내 문제를 더 보태지 않는다."라고 말할 수도 있다. 또는 말 대신 스스로 통제할 수 있는 것에 철저히 집중하겠다고 마음먹을 수도 있다.

'내 통제 밖에 있고, 내게 중요하지 않은' 것에 따라 살아가는 사람들도 있지만, 기업가들은 "나는 내가 가진 것으로 할 수 있는 것을 한다."라고 말하곤 한다. 이런 말들은 모두 같은 사고방식을 암시하고 있다. 이 중에서 어떤 말이라도 활용할 수 있다. 혹은 자신만의 표현을 창조할 수도 있다. 이 렌즈를 통해 세계를 바라볼 수 있게 해주는 것이라면 무엇이든 괜찮다.

하지만 꼭 짚고 넘어가야 할 점이 있다. 이런 사고방식이 무관심에 대한 핑계가 될 수는 없다. 삶의 굴곡들을 외면한 채, 무슨 일이 일어나든지 상관하지 말고 피해 가라고 부추기는 것이 아니다. 오히려 이 렌즈를 통해 자신의 삶에서 능동적인 태도를 기를 수 있도록 도와주는 것이다. 이것은 자신의 삶에 관심을 가지는 사고방식이다. 스스로 통제할 수 있는 것에 집중하고, 모든 생각과 노력과 에너지를 자신에게 효과적인 방식으로 투자하는 것이다.

이제 중심이 되는 사고방식에 대해 논의했으니, 그 태도를 삶에 더 가까이 가져가 볼 차례다. 남은 장에서는 자신의 통제력 안에 있는 것, 뷰카 세계에서 앞서 나가고, 성장하고, 성공하는 데 긍정적으로 기여하는 실용적인 역량과 관점을 활용해보겠다.

젊은 리더들을 위한 철학 수업

물고기는 물을 거의 볼 수 없다.
날마다 매 순간 어디서나 둘러싸여 있으면 그 환경을 정확히 인지하기가 어렵다.

변하지 않는 것은 오직 변한다는 사실밖에 없다.
많은 사람이 변동성과 불확실성, 복잡성, 모호성 때문에 매우 힘들다고 느끼는 시대를 살고 있다.

뷰카 세계에서 성공하려면 스스로 통제할 수 있는 것에 계속 철저히 집중해야 한다.
나의 모든 관심과 마음과 기운을 어디에 투여하고 있는지 잘 인식해야 한다.

"지혜로운 사람은 항상 사람을 잘 구하기에 버리는 사람이 없고,
항상 사물을 잘 구하기에 버리는 물건이 없으니
이것을 가리켜 '밝은 지혜'라고 한다." -노자

젊은 리더들을 위한 철학 수업

2장

. . .

긍정과 부정

・・・

어느 날 알렉산더 대왕이 아무것도 소유하지 않은 철학자 디오게네스와 전설적인 만남을 가졌다. 왕은 디오게네스에 관해 많은 이야기를 들었고 그를 만나고 싶어 했다. 오랫동안 찾아본 끝에, 알렉산더와 신하들은 나무통에 기댄 채 바닥에 느긋하게 앉아 있는 디오게네스를 발견했다. 대왕이 그에게 다가가 말했다.

"디오게네스, 자네에 대해 좋은 이야기를 많이 들었다. 소원이 있으면 뭐든지 들어주마."

디오게네스는 이 말을 들으며 위를 올려다보더니 잠시 생각하다가 답했다.

"고맙소. 소원이 하나 있다면 당신이 왼쪽으로 움직이는 것이오. 해를 가리지 않도록."

알렉산더 대왕은 이 단순한 답변에 깜짝 놀랐고 큰 충격을 받았다. 그리고 디오게네스에 대한 존경심이 더 커져, 주위 사람들에게 이렇게 공언했다.

"내가 알렉산더 대왕이 아니었다면, 디오게네스가 되고 싶구나."[1]

 디오게네스의 나무통에 앉기

이 이야기는 왜 수천 년이 지난 지금까지도 관심을 끄는 것일까? 아마도 디오게네스의 반응이 너무나 놀랍기 때문일 것이다. 도대체 어떤 사람이 소원을 이룰 기회를 이용해 이익을 얻는 데 '실패'하겠는가? 이 이야기는 다양하게 해석될 수 있다. 그중 한 가지는 디오게네스는 자신이 진정으로 즐기는 것이 무엇인지 알았으며, 그것이 자신의 통제할 수 있는 영역 안에 있도록 했다는 것이다.

이번 장에서는 디오게네스와 비슷한 방법으로 삶에서 긍정적 감정의 비중을 늘리는 시도를 해볼 것이다.[2] 그에 앞서 주의할 점이 있다. 여기서는 부정적 감정은 '나쁜 것'이고 긍정적 감정이 '좋은 것'이라는 인상을 주려는 것이 아니다. 양쪽 모두 적절한 때와 자리가 있다. 부정적 감정은 인간 삶에 없어서는 안 될 부분이며, 나름대로 가치가 있다.[3] 문제는 뷰카 세계라는 맥락에서, 긍정적인 감정을 원하는 만큼 충분히 경험하고 있느냐는 것이다.

긍정적 감정이 주는 이익에 대해 더 자세히 살펴보기로 하자. 긍정적 감정의 상태를 경험하는 것 그 자체를 목표로 여길 수도 있다. 기분이 좋아지고 싶다는 바람을 굳이 정당화할 필요는 없다. 하지만 긍정적 감정에 다음과 같이 많은 혜택이 따르는 것도 사실이다.

- 관심과 초점의 폭을 넓힌다.
- 문제 해결 능력을 향상시킨다.
- 건강을 지키고 면역 체계를 강화한다.[*4]

게다가 긍정적 감정을 경험하면 만약의 경우에 필요할지도 모르는 심리적· 실질적 완충장치가 형성된다. 완충장치는 어떤 의미가 있을까? 오랜 시간에 걸쳐 긍정적 감정의 완충장치를 충분히 쌓아두었다면, 부정적 사건을 감당하기가 훨씬 수월하고, 삶에서 힘든 시기가 닥쳐도 빠르게 회복할 수 있다.

긍정적 감정을 만드는 여러 가지 활동들(친구와 재미있는 시간을 보내거나 새로운 주제에 호기심 갖는 일 등)을 하다 보면 부수적으로 (사회적 관계나 지식과 같은) 실용적인 자원을 얻을 수 있고, 이렇게 비축해둔 자원이 힘든 시기를 견디는 데 도움이 된다.[*5] 요컨대 자신의 일상생활과 주변의 삶 속에서 긍정적 감정을 자세히 살펴볼 필요가 있다는 것이다.

# 내가 가장 좋아하는 것

다행스럽게도 긍정적 감정의 완충장치를 구축하는 방법은 헤아릴 수 없이 많다. 물론 이 책이 각자의 삶에서 긍정적인 효능을 내는 것이 정확히 무엇인지 알려줄 수는 없다. 그것은 스스로 발견해야 할 몫이다. 다만 여기서는 어디서 찾아봐야 할지 방향을 가르쳐주는 것이다.

영화 〈사운드 오브 뮤직〉에서 지혜를 얻어보자. 이 영화에서 줄리 앤드류스는 일곱 아이의 가정교사 마리아 역을 연기한다. 그녀는 천둥이 치는 동안 아이들의 방에 함께 있어 준다. 그리고 날씨 때문에 겁을 먹은 아이들을 달래주기 위해 좋아하는 것에 대한 노래를 부르기 시작한다.

장미꽃에 맺힌 빗방울
아기 고양이의 수염
빛나는 구리 주전자와 따스한 양털 장갑
갈색 종이로 포장하고 끈으로 묶은 꾸러미

내가 좋아하는 것들이지

우윳빛 조랑말과 바삭한 사과파이
초인종과 썰매에 매단 종
슈니첼과 국수
달을 뒤로 한 채 날아가는 기러기 떼
내가 좋아하는 것들이지

하얀 드레스에 파란 공단 띠를 두른 소녀
코끝에, 눈썹에 내려앉는 눈송이
봄물로 녹아내리는 은백색 겨울
내가 좋아하는 것들이지

개에게 물리거나
벌에게 쏘이거나
슬픈 마음이 들 때
내가 좋아하는 것들을 떠올리지
그럼 그다지 우울하지 않지*6

*<My Favorite Things>, 영화 <사운드 오브 뮤직> 중에서

이 단순한 노래는 긍정적 감정의 지혜와 더불어 힘든 시기에 긍정적 감정의 유용한 역할을 전해준다. 이제 내가 좋아하는 것들로 나만의 목록을 만들어보자.

작고, 구체적이고, 단순한 것

• • •

약 2분 동안 자신이 좋아하는 깃과 좋아하는 활동을 나열해보자. 최
대한 구체적으로 쓴다.

목록을 만들면서 어떤 기분이 들었나? 무엇을 알게 되었나? 어떤 생각이나 발상이 떠올랐는가?

어쩌면 줄리 앤드루스처럼, 좋아하는 것을 생각하기만 해도 긍정적인 감정을 불러일으킬 수 있다는 사실을 알아챘을지도 모르겠다. 우리는 이를 '향유하기savoring'라고 부른다. 이런 종류의 연습을 하고, 연습을 통해 자신에 대해서 더 잘 알게 되면서, 선택의 폭도 더 넓어질 것이다. 스스로 좋아하는 것이 무엇인지 더 잘 알게 될수록, 이를 일상의 경험에 더 잘 융합시킬 수 있으며, 상황을 운에 맡기는 일도 없어진다. 하지만 내가 좋아하는 것 중에서 스스로 통제할 수 있는 것은 무엇일까?

젊은 리더들을 위한 철학 수업

연습 2
스스로 통제할 수 있는 것에 철저히 집중하여 작고, 구체적이고, 단순한 것 찾기

· · ·

앞서 만든 목록을 다시 살펴보라. 이번에는 '스스로 통제할 수 있는 것에 철저히 집중한' 관점에서 들여다보자. 하고 싶다고 마음먹으면 2~3주 안에 경험할 수 있는 것은 무엇인가? 실행 가능한 항목 옆에 별표를 한다.

별표가 하나라도 있다면, 아주 좋은 소식이다. 뷰카 세계의 환경에서는 긍정적 감정이 중요하다. 그리고 내가 좋아하는 것 중에서 스스로 통제할 수 있는 것이 적어도 하나는 있는 것이다. 지금은 그 정도면 충분하다.

조금 더 노력해보겠는가? 자신이 좋아하는 것을 좀 더 쉽게, 좀 더 효율적으로 추구할 수 있는 몇 가지 방법을 소개한다.

• 좋아하는 것 목록에 계속 항목을 추가한다.
• 좋아하는 것을 추구하기 위한 시간과 공간을 정해둔다.
• 일상생활에서 좋아하는 것을 떠올리는 방법을 찾는다.

좋다. 지금까지 아주 잘해왔다. 하지만 잠시 진행을 멈추고, 부정적인 관점에서도 생각해보자.

• 해변 산책
• 햇살을 받으며 마시는 맛있는 커피
• 아이들과 대화 나누기
• 자연스러운 아름다움의 순간
• 기운을 북돋아 주는 충분한 수면
• 재미있는 영상

젊은 리더들을 위한 철학 수업

이 목록을 보면 이렇게 말할 가능성이 크다.

"글쎄, 다 좋긴 한데, 너무 사소하잖아. 이런 걸 하려고 내 시간을 빼놓지도 않을 거고, 이런 일을 두고 심각하게 생각하지도 않을 거야. 난 진짜 할 일이 있거든. 해야 할 일과 걱정해야 할 일이 줄줄이 있단 말이야."

꽤 설득력 있게 들린다. 하지만 정말로 맞는 말일까?

좀 더 철학적인 차원에서 보면, 이 연습은 다음과 같은 것들을 묻는 것이다. 이 땅에서 살아가며 움직이는 인간 존재로서, 나를 행복하게 만드는 것은 무엇인가? 나는 자신에 대해서 얼마나 잘 아는가? 그리고 자신을 행복하게 만드는 일들을 실제로 경험하기는 얼마나 쉬운가? 혹은 얼마나 어려운가? 그 대답에 대해 얼마나 만족하는가?

또한 다른 사람들(똑같은 뷰카 세계를 항해하는 사람들)과 교감하는 데 이 모든 것이 어떤 의미가 있는가? 다른 사람들이 좋아하는 것은 무엇인지 나는 얼마나 잘 알고 있는가? 내 가족이 좋아하는 것의 목록을 얼마나 잘 작성할 수 있는가? 나와 함께 일하는 시간이 가장 많은 다섯 사람에 대해서는 어떤가? 그들이 좋아하는 것을 추구할 때 내가 도움을 줄 수 있는 최소한의 것은 무엇인가?

물론 주변 사람들은 그들 스스로 행복에 대한 책임이 있다는 주장도 가능하다. 다른 사람이 좋아하는 것을 실현할 책임까지 내가 질 필요는 없다. 하지만 내가 최소한 할 수 있는 일은 마치 '0단계'와 같은 방식으로 접근하는 것이다. 즉 내가 좋아하는 것이 보편적이라 추정하여, 그들에게 (너무 자주) 방해가 되는 일은 없도록 하는 것이다.

0단계에서 할 수 있는 질문들은 다음과 같다.

- 내가 가장 즐겨 하는 대화의 주제를 그들 역시 좋아하는가?
- 근사한 오후란? 멋진 축하 행사는? 여기에 대한 내 생각이 그들의 생각과 같은가?
- 그들이 하루 휴가를 얻는다면 어떤 일을 하고 싶어 할까?
- 그들이 지금 가장 기대하고 있는 것은 무엇일까?

젊은 리더들을 위한 철학 수업

 부정의 긍정

지금까지 우리는 좋아하는 것을 인식하고, 의도적인 행동을 실천함으로써 삶에서 긍정적인 감정을 더 많이 경험하는 한 가지 방법을 알아보았다.

그러나 이것은 우울하지만 행복한 척하는 것과는 다르다. 누군가는 부정적 감정이 본질적으로 나쁘다고 할지도 모른다. 부정적 감정은 대개 부정적인 상황에서 일어나곤 하며, 유쾌하지 못한 기분이기 때문이다. 얼핏 일리 있는 말 같기도 하다. 그렇다면 과연 부정적 감정의 이익과 가치는 무엇인지 짚어보는 것이 좋겠다.

부정적 감정의 가치

· · ·

부정적 감정이 가치 있었거나 미처 깨닫지 못한 것을 깨닫도록 도와주었던 경우, 혹은 하려던 일을 다르게 하도록 도와주었던 경우를 생각해볼 수 있을까? 이런 경험에 대해 생각해보고 다음 질문에 답해보자.

그 상황에서 어떤 부정적 감정을 느꼈는가?

나에게 어떤 영향을 끼쳤는가?

상황을 극복하는 데 어떤 도움이 되었는가?

부정적 감정은 인간 본성의 필수 불가결한 부분이다. 부정적 감정을 모조리 배제해버리면 우리 경험에서 어마어마하게 크고 강렬한 부분을 제거하는 것과 마찬가지다. 감정은 우리가 목표와 가치를 명확히 하는 데 도움을 준다. 우리는 삶에서 일어난 일에 대한 자신의 반응을 관찰함으로써 자신에게 중요한 것이 무엇인지 알게 된다.

부정적이든 긍정적이든 모든 감정적 상태는 특정한 경로와 가능성을 열어주고, 다른 것들은 차단할 수 있다. 이런 경우에 부정적 감정은 강한 동기유발 요인이 될 수 있다. 우리는 부정적 감정의 요인을 제거하려고 노력할 때, 가장 단호하고 끈질기게 행동하곤 한다. 또한 기분이 좋지 않을 때 잠깐 '멈춤'의 시간을 갖는 것이 의외로 유익한 효과를 낼 수 있다. 휴식을 취하는 시간 동안, 내 몸이 다시 기운을 얻을 기회를 주기 때문이다.[7]

그러나 뷰카 세계에서는 어떤 것이 실제로 얼마나 부정적인지 항상 분명하게 나타나는 것은 아니다. 만약 문제를 제대로 들여다보는 시간을 갖지 않는다면, 직장이나 소셜 매체, 이메일, 뉴스, 음성 메시지, 문자 메시지 등을 통해 접하는 엄청난 부정성의 양을 감당하기 어려울 것이다.

모든 것이 영원히 개인적인가?

따라서 이제는 노련한 수학자가 되어보자. 우리는 삶에서 '불필요한 부정성'이라 일컬을 만한 것의 수준을 감소시킴으로써 긍정적 정서의 비율을 증가시키는 방법에 초점을 맞출 것이다. 다시 말해 '소음을 제거'하는 것이다.

노출을 줄이기 (양)

간단하게 시작하는 방법은 부정적인 경험이나 감정을 일으키는 것들에 노출되는 일을 제한하는 것이다. 다시 말해, 부정성의 원인과 나 사이에 '최적화된 거리'를 만드는 것이다. [8]

젊은 리더들을 위한 철학 수업

연습 4
저 소리는 뭐지?

• • •

일상생활에서 부정적 감정을 일으키는 것들의 목록을 적어보자. 내 삶에 부정성을 불러오지만, 그럴만한 가치가 없는 장소, 매체, 사람, 생각들을 떠올려보자. 다음으로, 그중에서 내가 제한하거나 완전히 멈추어도 괜찮은 항목 옆에 별표를 하자.

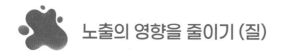

노출의 영향을 줄이기 (질)

없어지기를 바라는 부정성의 원인에 대한 노출을 줄인 뒤에 남는 질문은 다음과 같다. 충격을 받거나 비난을 받아서, 여전히 남아 있는 부정적 영향은 어떻게 제한할 수 있는가?

여기 소개할 개념은 학습된 '낙관주의'다.[9] 이 개념은 일상생활에 일어나는 사건들을 평가하고 해석하는 방법에 관한 것이다. 상황을 본래보다 더 나아 보이게 만드는 것이라기보다는, 더 나빠 보이지 않게 하는 방법이다(아그리피노스의 좌우명처럼 '내가 내 문제를 보태지 않는' 태도이다). 이 개념을 예시를 통해 알아보자.

젊은 리더들을 위한 철학 수업

연습 5
결혼식 축사

* * *

사촌과 함께 깜짝 결혼식 축사를 해달라는 부탁을 받았다고 가정해 보자. 그냥 결혼식도 아니고 조카의 결혼식이다. 어느 날 밤, 직장에서 늦게 돌아와서 마침내 축사 작성을 마친다. 완벽한 축사를 쓰기 위해 많은 시간을 쏟았고 여러 날을 애썼다. 축사를 처음부터 끝까지 다시 읽어보며 내 창작에 자부심도 느낀다. 이제 삼촌에게 축사를 보내고, 삼촌이 감동하며 뿌듯해하기를 기대한다. 다음 날 아침, 출근길에 삼촌이 남긴 음성 메시지를 발견한다. 잔뜩 신이 나서 삼촌의 칭찬을 기대하며 메시지에 귀를 기울인다. 하지만 다음과 같은 메시지를 듣게 된다.

"잘 지내니? 축사는 받았다. 나는 그게 마음에 들지 않는구나. 내게 전화해다오."

시간을 가지고 어떤 생각과 감정이 떠오르는지 기록해보자.

삶에서 어떤 일이 일어나면, 원하든 원하지 않든 최소한 세 가지 차원에서 그 일을 경험하게 된다. 우리가 의식하지 못하는 사이에 자동으로 일어나는 이 과정에서 감정적 반응을 일어나게 된다. 세 가지 차원은 다음과 같다.

- 주체: 개인적인 것 vs. 개인과 무관한 것
- 범위: 모든 것 vs. 특정한 것
- 시간: 영원한 것 vs. 일시적인 것 [10]

결혼식 축사의 예에 대한 해석을 통해 이 차원들을 살펴보자.

1. 개인적인 것 vs. 개인과 무관한 것

먼저 결혼식 축사에 관한 메시지를 완전히 개인적으로 받아들일 수도 있다. 마치 우리에게 무언가 잘못이 있는 것처럼, 고쳐야 할 인간적 결함이나 부족함이 있는 것처럼. 음성 메시지에서 들은 것은 '마음에 들지 않는구나'라는 말이다. 하지만 그 말을 들으며 떠오르는 생각은 이런 것이다. '삼촌의 말이 무슨 뜻인지 다 알지. 삼촌이 마음에 들지 않는 게 누구겠어? 바로 나야! 삼촌은 아마도 〈누가 너에게 축사를 부탁했는지 모르겠다. 정말 형편없어. 그렇게 간단한 일도 하지 못하다니 믿을 수가 없구나〉라고 생각하고 있을 거야.'

젊은 리더들을 위한 철학 수업

반대로 완전히 개인과 관계없는 방식으로 메시지를 해석한다면 어떨까? '삼촌이 축사를 마음에 들어 하지 않았다. 그뿐이다.' 삼촌이 축사의 내용이나 형식에 대한 아이디어를 주었는데, 축사가 삼촌이 구상한 대로 나오지 않아서 그 부분을 첨가하기를 원하는 것일 수도 있다.

2. 모든 것 vs. 특정한 것

어쨌든 삼촌이 '그게'라고 한 것은 무엇을 의미할까? 축사 전체일까? 정말로? 삼촌은 축사의 구성과 농담, 일화, 분위기, 길이, 그리고 다른 모든 것이 전부 마음에 들지 않는 걸까?

아니면 삼촌이 부적절하다고 생각하는 농담이 딱 하나 있는 건지도 모른다.

3. 영원한 것 vs. 일시적인 것

마지막으로 내가 쓴 형편없는 축사의 효과는 나와 삼촌의 관계에 영구적으로 영향을 줄 수도 있다. 삼촌은 나를 영원히 다른 눈으로, 멍청이로 볼지도 모른다. 사실 삼촌은 그사이에 이미 내가 쓴 축사에 대해 다른 가족들과 이야기했을지도 모른다. 그들의 눈에는 아마도 크게 실망스러운 일이리라. 미래에는 가족 중에서 누구도 나에게 축사를 부탁하지 않을 것이다. 그리고 차츰차츰 나는 내가 진정으로 소속감을 느끼는 유일한 집단인 가족과 사이가 멀어질지도 모른다.

혹은 삼촌은 전화만 받으면 만족할 수도 있다. 물론 가족들 사이에 이런 말썽이 처음 일어난 것도 아니다. "이번에도 지나갈 것이다."

거듭 강조하지만, 이 연습은 상황을 본래보다 더 나아 보이도록 하려는 것이 아니다. 실제로는 그렇지 않은데도 일어난 일이 개인적이지 않고, 특정한 것이고, 일시적인 것으로 보이게 만든다면 전혀 도움이 되지 않을 것이다. 사실은 이불 밑에 숨어서 울고 싶은 기분인데, 얼굴에는 미소를 지어야 한다는 것이 아니다. 대신 실제 일어난 것보다 상황을 더 나쁘게 해석하지 않도록, 모든 소음을 제거할 수 있도록 돕는 것이 이 연습의 목적이다. 다시 말해, 이 연습은 스스로 선택지가 있다는 것을 깨닫는 일이다.

삶에서 일어나는 상황이 매우 모호할 때도 많고, 의사소통이 불완전한 경우도 많다. 상황에 대한 첫 번째 해석들이 실제 상황과 정확히 일치하는 것일 수도 있다. 또한 상황에 신중하게 접근하기 위해

젊은 리더들을 위한 철학 수업

서 부정적 신호를 과대평가하는 경우에도 나름대로 유익한 점이 있을 수 있다. 그러나 뷰카 세계에서 만나는 신호마다 매우 '개인적'이고 '모든 것'에 관한 '영원한 것'으로 해석한다면, 너무 당혹스럽고 견디기 어려운 것이 될 수 있다.

그렇다면 과연 어떤 선택지가 있을까?

선택 1

삼촌의 메시지를 들은 직후에, 당황한 나는 사촌에게 전화해서 이렇게 말한다. "삼촌이 축사가 마음에 들지 않는데." 그러면 다음으로 어떤 일이 일어날까? 아마도 나에게 일어났던 것과 똑같은 일이 일어날 것이다. 사촌 역시 상황을 세 가지 차원에서 해석할 것이다. 결과적으로 사촌은 분노한 상태에서 삼촌에게 전화하여 불필요하게 혹독하고 부정적인 어조로 대화를 시작할지도 모른다. 연구에 따르면 이렇게 시작한 대화는 마찬가지로 혹독하고 부정적인 어조로 마무리될 가능성이 매우 크다. [11]

이런 사건은 기름 유출에 비교할 수 있다. 기름이 여기저기로 마구 흘러가듯, 이런 유형의 에너지는 가족, 단체, 이웃, 친구들 사이를 빠른 속도로 흘러갈 수 있다.

그렇다면 무엇이 남았을까? 이제는 시나리오를 되돌려서 우리에게 선택지가 있다는 것을 깨달을 차례이다.

선택 2

예를 들어 사촌에게 말하기 전에 심호흡을 하고 무엇이 나를 진짜 괴롭히는지 이해하려고 할 수 있다. 세 차원을 각각 빠르게 점검해보자. 나의 즉각적인 반응이 실제 상황에서 얼마나 벗어나 있는지 질문하면서 스스로 이의를 제기해본다. 삼촌에게 전화해서 실제로 상황이 얼마나 나쁜지 확인하고 가능한 해결책을 논의하여, 가족들 사이로 기름이 흘러가는 일을 막는다.

현실 직시

· · ·

지난달에 있었던 일 중에서 속상했던 경험을 떠올려보자. 무슨 일이 일어났는가?

내가 처음 보인 반응을 돌이켜보고, 세 차원을 따라 각각 자리를 정해보자.

개인적인 것 ·· 개인과 무관한 것

- 나에 관한 것인가?
- 오직 나에 관한 것인가?
- 다른 것에 관한 것인가? 그렇다면 무엇에 관한 것인가?

모든 것 ··· 특정한 것

- 개별적인 문제에 관련된 것인가? 아니면 다른 영역에도 영향을 미치는가?
- 모든 것을 바꾸어야 하는가? 혹은 부분적으로 바꾸면 되는가?
- 핵심 쟁점은 무엇이고 그것의 함의는 무엇인가?

영원한 것 ·· 일시적인 것

- 이 사건에 따르는 중장기적인 결과가 있는가?
- 얼마나 많은 사람이 여전히 그 사건을 언급하는가?
- 그 사건에 따른 긍정적인 부수 효과 혹은 '이차적인 장점'이 있는가?[12]

이제 자신이 아는 모든 정보를 토대로 상황을 돌이켜보자. 그 순간의 '현실'은 어떤 자리에 있는지 염두에 둔다. 이 답은 내가 처음 했던 답과 얼마나 가까운가? 혹은 얼마나 거리가 먼가?

 # 두 세계의 최선

우리는 저마다 어떤 범위의 특정한 지점에서 사건을 해석하는 자신만의 경향이 있다. 어떤 사람들은 상황을 자주 개인적으로 받아들일 수도 있다. 또 다른 이들은 '영원한 생각'에 빠져 있다. 정확한 문제를 특정하기 위한 노력을 멈추지 않는 사람들도 있다. 이런 모든 경향성이 반드시 우리의 직접적인 통제권 안에 있는 것은 아니다. 어느 정도는 교육이나 개인적 경험의 영향이거나, 후회하기보다는 미리 조심하는 편이 낫다는 믿음에서 나온 것일 수도 있다. 여기서 중요한 문제는 이것이다. 사건과 그에 대한 결론을 내리기까지, 얼마나 오랫동안 고심하는가? 자신에게 그런 시간을 충분히 허락해주는가?

그런데 이것은 긍정적인 사건(칭찬을 받거나 내 뜻대로 되는 일, 혹은 큰 성공)에도 똑같이 적용된다.

사건의 진정한 긍정성을 세 가지 차원에서 경험하는 일이 쉽게 이루어지는가? 혹은 어려운가?

- 개인과 무관한 것: "누구라도 할 수 있었다."
- 특정한 것: "나는 작은 부분만 담당했을 뿐이야."
- 일시적인 것: "어쨌든 사람들은 잊어버릴 거야."

만일 모든 부정적 사건을 이 세 가지 척도의 왼쪽 끝에서 해석하고, 모든 긍정적인 사건을 오른쪽 끝에서 해석한다면, 양쪽 세계에서 모두 최악을 취하는 것이다.

다른 사람들에게도 똑같은 과정이 적용된다는 것을 알면, 의사소통할 때 이를 염두에 둘 수 있다. 나는 다른 사람들을 위해서 세 가지 차원에 분명하게 현실의 자리를 정해주는가? 다른 사람들이 추측할 여지는 얼마나 남겨두는가?

덜 들어가고 더 빨리 회복하기

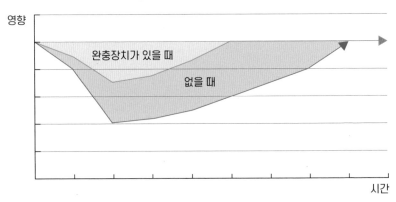

짐작하겠지만, 이 방법을 완벽히 익히는 데는 노력이 필요하다. 하지만 자신의 통제력 안에 있는 역량을 활용하면 뷰카 세계에서 줄줄이 밀려드는 부정적 사건에 영향을 덜 받고 더 빠르게 회복하는 데 도움이 된다.

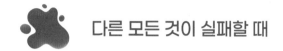

다른 모든 것이 실패할 때

여기까지 오면서 우리는 좋아하는 것으로 완충장치를 구축하는 방법에 대해 더 잘 인식하게 되었다. 그리고 부정성에서 받는 영향을 줄이고, 더 빠르게 회복하는 방법도 알아보았다.

이제 완충장치를 다 써버렸을 경우를 상상해보자. 아마도 자신이 좋아하는 것 중에서 아무것도 시도해볼 수 없을 정도로 기회나 시간, 에너지가 없었을 것이다. 게다가 상황이 조만간 바뀔 것 같지도 않다. 심지어 지금 부정적인 감정이 쌓여 있을 수도 있다. 그리고 사실상 상황의 부정성을 더 줄일 수도 없다. 불필요한 소음은 제거했지만, 상황은 여전히 좋지 않다.

그런 순간에도 활용할 수 있는 긍정적인 감정이 남아 있을까? 내가 어디 있든지, 무슨 일이 벌어지든지, 상황이 얼마나 심각하든지, 누구와 함께 있든지, 그리고 다른 모든 변수와도 상관없이 활용할 수 있는 감정이 있을까?

만일 있다면, 그것은 얼마나 도움이 될 수 있을까?

이 질문에 답하기 위해 잠시 뒤로 물러나 시야를 넓게 해보자. 다양한 긍정적 감정의 유형을 폭넓게 살펴보는 것이다. 다음은 긍정적 감정을 개관해본 한 가지 예시다(이 목록에 자유롭게 내용을 더해도 좋다).

애정	호기심	희망	열정
경외감	환희	영감	안심
안락	열광	즐거움	만족
연민	자유	사랑	평온
자신감	고마움	낙관	감탄

연습 7
새로운 원천 활용하기

• • •

이런 유형의 감정들이 내 삶에서 어떤 역할을 하는지 생각해보자. 이런 감정들을 얼마나 자주 경험하는가? 더 자주 경험하고 싶은 감정이 있는가?

긍정적 감정에 다양한 유형이 있다는 것을 깨달으면, 감정을 활용할 때 선택의 폭도 넓어진다. 앞서 작성한 좋아하는 것의 목록을 돌이켜보면, 그 항목들이 주로 특정한 유형의 감정을 불러일으킨다는 것을 발견할 수도 있다. 반면 전혀 등장하지 않는 유형도 있을 것이다.

하지만 아직 우리는 서두에서 던진 질문에 답하지 않았다. 다른 모든 것이 실패할 때, 어떤 긍정적 감정이 우리의 통제안에 남아 있는가? 사람마다 답은 다를 수 있지만, 여러 사상가에 따르면 우리가 가장 잘 통제할 수 있다고 느끼는 감정은 고마움이다. 가장 어려운 상황에서조차 인간은 자신만의 독특하고 사적인 방식으로 감사한 마음을 경험할 수 있다.[13] 과거에서 지금까지, 문화적·지리적 경계와 상관없이 우리의 많은 위대한 전통이 감사와 관련되어 있는 것은 놀라운 일이 아니다.

감사의 감정에 대해 길게 이야기할 수도 있지만, 이 감정의 접근 가능성과 효과를 이해하기에 가장 좋은 방법은 직접 경험하는 것이다. 다음 연습으로 넘어가 보자.

감사 편지

• • •

내 삶에 중요하고 긍정적 영향을 끼친 사람을 떠올려보자. 여전히 함께 있는 사람일 수도 있고, 아닐 수도 있다. 옛 선생님, 직장 동료, 혹은 사적인 생활에서 만난 사람이거나 이야기를 나누어본 사람일 수도 있고, 실제로는 한 번도 만난 적이 없는 사람일 수도 있다. 중요한 것은 누군가를 선택하는 것이다.

이제 이 사람에게 편지를 쓰는 것이다(실제로 보낼 필요는 없다). 어떤 점이 고마운지, 구체적으로 설명하고 이유도 밝힌다. 어떻게 시작해야 할지 모르겠다면 그냥 머릿속에 처음 떠오르는 문장으로 시작하면 된다.

• 감사 편지 •

_____

_____

_____

_____

_____

편지를 쓰니 어떤 기분이 드는가? 쓰는 동안 무엇을 깨달았는가?

이 연습을 통해 스스로 고마움의 무한한 원천을 활용할 수 있다는 사실을 깨달았기를 바란다. 더불어 자신에게 가장 중요하고 필요한 것이 무엇인지 이해하는 통찰을 얻었을 수도 있을 것이다.

인간은 현재 상황과 꼭 관련이 있지 않은 것에 대한 감사의 감정도 느낄 수 있다. 이를 다시 말하면, 현재 상황이 언제나 유쾌하고 편안하지 않더라도, 혹은 스트레스가 있더라도 긍정적 감정의 원천을 활용할 수 있다는 뜻이다. 꼭 윤리적 이유에서 이 방법을 권하는 것이 아니다. 이를테면 '사람은 감사할 줄 알아야 한다'거나 '좋은 사람이 되려면 이 정도의 고마움을 느껴야 한다'는 주장이 아니라, 실용적인 목적이다. 필요한 것은 그저 내가 감사하는 것에 철저히 집중하는 것이다.

의도적인 박탈

감사가 그렇게 대단하다면 왜 모두가 언제나 경험하지 않는 걸까? 고대 로마와 그리스 사람들은 다음과 같은 진실을 아주 잘 알고 있었다. 인간은 자신이 가진 것에 믿을 수 없이 쉽게 익숙해진다. 오랫동안 원해왔던 무언가를 달성하거나 얻은 첫날 얼마나 기분이 좋았는지 떠올려보자. 그 첫날과 그로부터 16주가 지난날은 얼마나 다른가? 우리는 우리가 가진 것에 매우 쉽게 적응하곤 한다.

많은 고대 문화와 전통에서는 여러 형태로 '의도적 박탈'과 관련된 관습을 장려했다.[14] 당연하게 생각하는 어떤 대상의 존재를 일부러 (미리 정해둔) 제한된 시간 동안 없애보면, 그 대상의 존재를 더는 당연하게 여기지 않게 될 것이다.

예를 들어 추운 날씨에 난방을 당연하게 생각한다면, 일주일 동안 난방을 꺼보면 어떨까? 신발을 당연하게 여긴다면, 하루를 신발 없이 나가보는 건 어떨까? 교통수단을 당연하게 받아들인다면, 한 달 동안 이용하지 않고 살아보는 건 어떨까?

단기적이고 의도적인 박탈은 '다시 시작하기'처럼 작용한다. 내가 가진 것이 충분해 보이지 않는 쳇바퀴 같은 일상에 갇혀 있다면, '다시 시작하기'의 생활방식을 선택할 수 있다. 이렇게 하면 자신이 가진 것을 더 잘 인식하게 되고 '지금 가진 것을 더는 가지지 못하게 되었을 때 얼마나 간절히 원하게 될지' 깨달을 수 있다.

만약 외부 세계에서 무엇을 없애는 것이 어렵다면? 자신에게 소중한 것이 없는 상황을 그려보는 것만으로도 충분하다. 게다가 사고 실험은 언제나 스스로 통제할 수 있지 않은가!

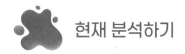

현재 분석하기

앞서서 우리는 과거에 대한 감사를 경험하는 연습을 했다. 이번에는 같은 기법을 현재에 적용해보자.

내가 경험하는 매 순간에는 애초에 그것을 존재할 수 있게 해주는 잠재적으로 무한한 수의 요인이 있다. 현재를 분석하는 방법을 배우는 것은 그러한 요인들을 더 잘 인식하게 된다는 뜻이다. 그리고 특정한 부분이 전체와 뗄 수 없는 관계에 있는 것으로 보이게 되는 과정을 인식하게 된다는 뜻이다. 예를 들어 이 문장을 읽고 있는 동안, 읽기를 가능하게 만들어주는 세 가지 요인을 생각해보라. 그리고 그보다는 덜 명백한 요인 세 가지를 더 찾아보라.

다음 연습에서는 이와 정확히 똑같은 기법을 자신이 현재 감사하는 대상에 적용해보겠다.

연습 9
고마움을 꺼내기

· · ·

다음 질문들에 대해 생각해보자.

지금 상황에서 매우 가치 있게 여기는 것은 무엇인가?

그것을 가지지 않는다면 어떤 점이 아쉬울까?

내 주변에 있지 않은 것 중에서 무엇에 대해 감사하는가?

이 질문들에 대한 답을 뒷받침하는 것은 어떤 것들인가?

감사하는 대상이 과거에 속해 있든지 현재에 속해 있든지 상관없다. 어떤 경우에도 감사하는 감정의 경험은 언제나 지금, 여기에서 일어난다. 어쨌든 우리는 지금, 여기, 현재가 아닌 다른 곳에 있을 수는 없지 않은가?

젊은 리더들을 위한 철학 수업

2장
요약

자신이 좋아하는 것들을 즐겨라.
우리가 경험하는 긍정적 감정은 완충장치와 마찬가지로 우리가 일
상에서 겪는 부정적 사건을 더 잘 감당할 수 있도록 도와준다. 그리
고 기분이 좋아진다.

소음을 제거하라.
노출을 제한하고, 현실을 직시하면 '불필요한 부정성'을 줄일 수 있
다. 개인적인 것인지 개인과 무관한 것인지, 모든 것에 관한 것인지 특
정한 것에 관한 것인지, 영원한 것인지 일시적인 것인지 점검해보라.

현재를 분석하라.
감사는 언제나 접근할 수 있는 긍정적인 감정이다. 과거에 초점을
맞추든 현재에 맞추든, 선택할 수 있는 가능성이 무한하다.

"감사하게 받는 자가 풍요로운 수확을 본다."

- 윌리엄 블레이크

젊은 리더들을 위한 철학 수업

3장

...

강점과 약점

· · ·

"헤라클레스는 어떤 사람이 되었을까? 만약 그 유명한 사자와 히드라, 사슴, 멧돼지, 그리고 그가 쫓아내 세상에서 치워버린 사악하고 잔혹한 인간들이 아니었다면 어떻게 되었을까? 그런 것들이 존재하지 않았다면 그는 무슨 일을 했을까? 그가 담요를 둘둘 말고 잠에 빠졌으리라는 것은 분명하지 않은가? 무엇보다, 만일 그가 사치와 평온 속에서 인생 전체를 헛되이 보냈다면 그는 결코 헤라클레스가 되지 않았을 것이 확실하다. 혹시 그가 헤라클레스가 되었다 해도, 그것이 그에게 무슨 소용이 있었겠는가? 만약 그런 환경과 기회가 그를 일깨우고 단련시키지 않았다면, 그의 팔과 온갖 힘, 인내심, 고귀한 정신이 무슨 쓸모가 있었을까?"[1]

—에픽테토스

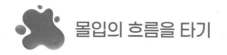 몰입의 흐름을 타기

삶에서 우리가 현재 주어진 일에 너무 몰두하여 특별한 상태로 돌입하게 되는 순간들이 있다. 이 경험은 반드시 긍정적이거나 부정적인 것은 아니다. 미하이 칙센트미하이는 이런 상태를 그 유명한 '몰입flow'이란 개념으로 정의했고, 우리는 이번 장에서 이 주제를 탐구하겠다. *2 *3

몰입의 상태에서는 과거나 미래를 염려하지 않는다. 대신 의식은 시간 경험이 달라질 정도로 활동과 하나가 된다. 어떤 사람들은 기타 연주를 하면서 몰입을 경험하고, 다른 이들은 수학 문제를 풀면서, 달리기를 하면서, 그림을 그리면서, 책을 읽거나 요리를 하면서 경험한다.

몰입의 상태가 되면 유익한 점이 많다. 성과와 창의력이 증가하고, 자존감이 높아지며 감정적인 안정성도 커진다. 활동력 증가, 스트레스 감소 등의 효과도 있다. 사람들은 '몰입' 상태에서 성취한 것을 되돌아볼 때 강렬한 성취감을 느끼곤 한다. 게다가 과거나 미래에 관해 생각하지 않고, 전적으로 지금 직면한 과업에 정신을 집중하고 있을 때는 부정적 감정에 빠져들기가 어려워진다. [4]

하지만 아마도 이런 생각이 들 것이다. '무슨 말인지 알아들었어. 하지만 어떻게 그 상태에 들어가지?' 마치 헤라클레스가 한 것처럼, 몰입에 들어가는 가장 실용적인 방법 한 가지는 자신의 강점을 지금 마주한 도전과 연결 짓는 것이다. [5] 매우 간단하게 들린다. 하지만 실제로 실천할 때는 수많은 장벽이 가로막을 수 있다. 다음과 같은 것이 없는 경우에도 실천이 어려울 수 있다.

- 자신이 무엇을 잘하는지, 무엇이 자신에게 활력을 주는지에 대한 인식
- 자신이 잘하고, 자신에게 활력을 주는 특정한 활동을 설명할 수 있는 공유된 언어
- 그러한 것들을 할 수 있는 실질적 기회

이제 이러한 장벽들을 극복할 수 있는 도구를 마련해보자.

강점을 위한 기틀 [6]

간단한 수직선과 수평선을 그려서, 실제로 어떤 강점이 있는지 알아보는 것부터 시작해보자.

공리 1

내가 그리 잘하지 못하는 것들이 있다. 그리고 더 잘하는 것들도 있다.

매우 못함 ◀ ··· ▶ 매우 잘함

공리 2

나의 활력을 소진시키는 것이 있고, 나에게 활력을 주는 것이 있다.

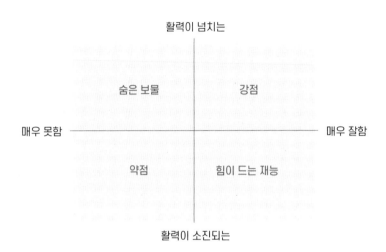

이 좌표를 이용해 우리는 간단한 구조를 탐색할 수 있다. 각 부분을 자세히 살펴보자.

 강점

내가 잘하는 일, 나에게 활력을 주는 일이 있다. 이것은 나의 '강점'이라고 부를 수 있는 것이다. 창의력, 경청하는 태도, 문제 해결 능력, 유머, 치밀한 자세 등 사람마다 다양한 역량이 강점이 될 수 있다. 자신의 강점을 지칠 정도로 힘들지도 않고, 지루할 정도로 단순하지도 않은 수준에서 적용할 때(헤라클레스를 기억하라), 놀라운 일이 일어난다. 이 지점에서 '몰입' 상태의 혜택을 수확할 수 있다.

이번 장의 목적은 삶의 다양한 환경에서 강점을 적용할 시간을 더 많이 찾을 수 있게 하는 것이다. 물론 그 강점을 남용하거나 잘못된 상황에서 적용하기 시작하는 때가 올 수도 있다. 그러나 지금은 아마도 충분히 활용하지 않을 가능성이 크다.

강점 발견하기

• • •

자신의 강점을 최대한 많이 찾아 열거해보자. 예를 들어 훌륭한 결과를 내기 위해 열심히 일하고, 언제까지라도 일할 수 있을 것 같은 기분이 들었던 때가 언제인가? 그 순간에 사용한 역량은 무엇인가?

'힘이 드는 재능'은 특히 역설적인 조합이다. 잘하는 일이지만, 기운을 소진시키는 일이다. 이 역시 사람에 따라 다른 역량이 해당될 수 있다. 잘하는 것만을 고려하면, 이 범주를 강점으로 오인할 위험이 있다. 잘하기 때문에 많이 활용하면서도, 활용한 뒤에는 얼마나 기운이 빠지는지 잘 알지 못하는 경우를 상상해볼 수 있다. 이 정의에 의하면, 나의 활력을 소진시키는 것은 확실히 강점이 아니다.

이 범주에서 사용하는 시간은 적당히 절제해야 한다. 나는 이 힘이 드는 재능을 수행하는 데 능하다. 그 재능은 나와 주변 사람들에게 이익을 가져다준다. 내가 많은 과업을 성취하도록 도와줄 것이다. 하지만 자신의 에너지를 염두에 두어야 한다. 힘이 드는 재능을 너무 많이 사용하면 탈진할 수 있다. 이 자리에서 하루 대부분을 보내는 사람이 저녁이 되면 어떤 기분일지는 상상에 맡기겠다.

연습 2
힘이 드는 재능을 알아차리기

· · ·

내가 가진 힘이 드는 재능을 할 수 있는 한 많이 적어보자. 이를테면, 어떤 일을 잘해서 칭찬을 받았지만, 정작 그 일을 할 때는 정말 하기 싫었던 때는 언제인가? 바로 그 순간에 어떤 역량을 사용했는가?

 숨은 보물

비록 잘하지는 못하지만, 나에게 활력을 주는 것도 있다. 이는 '숨은 보물'이라 부를 수 있는 것이다. 왜? 여기에 시간을 쓰는 것은 재미있고, 유쾌하고, 편안하고, 신이 날 수 있기 때문이다. 이 모두가 힘든 시기를 더 잘 감당할 수 있는 에너지를 주는 것이다. 게다가 즐긴다는 사실은 재능의 암시일 수도 있다. 즉 잠자고 있는 강점일 수도 있다.

이 범주에서 할 수 있는 일은 그것을 알아채고, 그 안에서 보내는 시간을 즐기는 것이다. 숨은 보물을 탐색할 수 있는 환경을 찾아보라. 새로운 강점을 찾는 계기가 될 수도 있다. 만일 강점의 영역에서 이미 최고에 이르러 더 상승할 여지가 없다면, 이 영역은 적절한 실천과 관심, 기회를 통해 미래 강점을 성장시킬 좋은 텃밭이 될 수 있다.

숨은 보물찾기

• • •

내가 가진 숨은 보물을 할 수 있는 한 많이 찾아보자. 예를 들어 현재는 잘하고 있지 않은데도 불구하고 즐겁게 하는 일은 무엇인가? 그 순간에 사용하는 역량은 무엇인가?

 약점

약점은 분명히 적절하지 않아 보이는 두 가지가 교차하는 지점이다. 내가 잘하지 못하고(그것으로도 부족해서), 내 활력까지 소모시키는 것이다. 약점을 다루는 방법은 다양하다. 그 약점들 전부를 혹은 또는 그중 몇 가지를 향상시키거나, 무시하거나, 받아들이거나, 피하기로 결정할 수 있다. 아니면 마법의 세계에서 모두 제거해버릴 수도 있다. 그러나 앞서 논의했던 대로, 우리의 주된 목표는 이미 힘든 상황에서 성공하는 방법을 찾는 것이다. 약점은 몰입에 장벽이 될 수 있다. 따라서 약점을 이용하는 시간을 최소화하는 방법에 대해 생각해보아야 한다.

하지만 만약 어떤 이유에서, 자신의 약점을 이용해야 하는 일이 있다면? 그런 경우에는 스스로 물어볼 수 있다. 목표에 이르는 데 방해가 되지 않을 정도로 약점을 향상시키려면, 최소한 어느 정도 수준(0단계에서 올림픽 단계까지 다양하다)이 필요한가? 예를 들어 대중 앞에서 짧은 연설을 해야 하는데 잘하지도 못하고 그런 일을 즐기지도 않는다고 가정해보자. 그 역량을 배우는 데 필요한 최소한은 무엇일까? 토크쇼 진행자가 되는 데 필요한 것들이 아니라, 딱 5분간의 발표를 위해 배워야 하는 것을 생각해보자.

약점을 최소화하는 효과적인 방법은 약점을 강점으로 보완해 목표를 달성하는 것이다. 최대화를 통해 최소화를 이루는 방법이다. 예컨대 대규모 집단의 사람들을 재미있게 하거나 가르치거나 영감을 주고 싶은데 대중 연설이 약점일 수 있다. 그럴 때는 (글쓰기가 강점이라면) 글쓰기에 집중하여 똑같은 목표를 달성할 수 있을 것이다. 또는 창의성이 부족해서 가족과 재미있는 하루를 계획하는 데 어려움을 겪을 수도 있다. 이 경우에는 (경청하는 능력이 강점이라면) 다른 가족의 의견을 경청해서 아이디어를 찾으면 목표를 이룰 수 있다.

약점 작성하기

. . .

자신의 약점을 할 수 있는 한 많이 적어보자. 예를 들어 잘하지 못하는 활동은 무엇인가? 그리고 결코 즐긴 적이 없었던 활동은 무엇인가? 그 순간에는 어떤 역량을 쓰려고 노력했는가?

종합하기

· · ·

자신의 강점, 힘이 드는 재능, 숨은 보물, 약점에 대한 좀 더 면밀한 평가를 위해서 다음 표를 작성해보자.[7] 목록에 없는 역량을 자유롭게 더해도 좋다. 직접 좌표를 그리거나, 부록 A를 이용해 배치할 수도 있다.

능력	잘하나? (y/n)	활력을 주나? (y/n)	강점	힘이 드는 재능	숨은 보물	약점
적응: 변화하는 상황의 요구에 유연하게 대응한다						
지지: 대의를 위해 논쟁하고 뒷받침한다						
포부: 높은 목표를 세우고 이를 향해 노력한다						
진정성: 어떤 대가를 치르더라도 나답게 행동한다						
관계 구축: 확고하고 장기적인 유대 관계에 투자한다						
보살핌: 다른 이들을 돕고 보살핀다						

능력	잘하나? (y/n)	활력을 주나? (y/n)	강점	힘이 드는 재능	숨은 보물	약점
지도: 개인적 어려움이나 직업적 도전을 해결하도록 이끌어준다						
경쟁: 자신을 다른 이들과 비교하고, 우월한 결과를 낸다						
개념적: 복잡하고 구조화되지 않은 상황에서 추상적 양식과 유의미한 정보를 식별한다						
용기: 목표를 추구하기 위해 감정적 힘으로 두려움을 극복한다						
창의성: 임무 완수나 문제 해결을 위해 새롭고 기발한 접근법을 떠올린다						
치밀함: 대상이나 활동의 세세한 부분에 집중한다						
규율준수: 절차와 규칙을 정확히 따른다						
정서 인식: 자신이나 다른 사람의 정서 상태를 인식한다						
기업가 정신: 기회를 포착하고 행동한다						
집중: 한 번에 한 가지 일에 관심과 기운을 쏟는다						
유머: 대상의 재미있고 익살스러운 측면에 집중한다						
경청: 다른 이들이 말하고 공유하는 것에 주의를 기울인다						

능력	잘하나?(y/n)	활력을 주나?(y/n)	강점	힘이 드는 재능	숨은 보물	약점
동기부여: 다른 이들이 목표를 이루기 위해 행동하도록 만든다						
인적 관계망: 사람들 사이에 관계를 형성한다						
조직: 업무의 계획과 실행을 구성한다						
자기개발: 자신을 발전시키고 향상시킨다						
계획: 목표에 이르기 위한 실질적 단계들을 구상한다						
실용주의: 문제를 현실적이고 행동 지향적인 방식으로 다룬다						
대중 연설: 관객 앞에서 말하고 메시지를 전달한다						
회복력: 어려움에서 회복되고 어려운 조건을 끈질기게 헤쳐나간다						
지략: 이례적이고 창의적인 방식으로 자원을 동원한다						
위험 관리: 위험을 예측하고 대처 방법을 결정한다						
문제 해결: 쟁점을 파악하고 해결책을 찾는다						
전략: 성공 확률을 높이기 위해 가능한 최고의 접근법을 선택한다						

능력	잘하나?(y/n)	활력을 주나?(y/n)	강점	힘이 드는 재능	숨은 보물	약점
교육: 지식과 아이디어, 상황 등을 다른 이들이 이해할 수 있는 방식으로 설명한다						
협동: 집단의 사람들과 일한다						
이상주의: 완벽한 미래를 상상한다						
글쓰기: 생각이나 메시지를 글로 표현한다						

젊은 리더들을 위한 철학 수업

목록을 차례차례 살피다 보면, 강점이나 약점이라 생각했던 것이 다른 범주에 속하는 것을 발견할 수도 있다. 원한다면 나를 잘 아는 사람들과 함께 모여 그들의 관점을 물어보아도 좋다.

엑스선 촬영으로 신체를 검사할 수 있듯이, 이 연습은 자신의 다양한 역량에 대한 엑스선 사진을 찍어보는 것이다. 이 사진의 모습은 시간이 지나면서 변화할 수 있을까? 그럴 가능성이 크다. 훈련을 통해서 숨은 보물이 강점으로 바뀔 수 있다. 강점을 지칠 때까지 과도하게 사용하면 힘이 드는 재능으로 변할 수도 있다. 환경이 다르면 약점은 재미있는 것이 될 수도 있고 숨은 보물로 변할 수도 있다. 그러나 시간이 흐름에 따라 상황이 변할 수 있는 만큼, 지금 중요한 질문은 '오늘 내가 잘하고, 나에게 활력을 주는 것을 어떻게 더 할 수 있는가?'이다.

연습 6
나침반 사용하기

• • •

이제 나의 에너지를 하루 내내 더 잘 관리하고 주어진 과제와 나의 강점을 더 잘 맞출 수 있는 나침반을 가지고 있다. 따라서 이 나침반을 이용하면 몰입 상태에 들어갈 가능성도 더 커진다. 다음 질문에 대해 깊이 생각해보고, 무엇이든 떠오르는 대로 적어보자.

• 나의 강점을 어떻게 더 자주 사용할 수 있을까?.

• 힘이 드는 재능의 사용을 어떻게 절제할 수 있을까?

• 숨은 보물을 어떻게 즐기고 개발할 수 있을까?

• 약점의 사용을 어떻게 최소화할 수 있을까?

젊은 리더들을 위한 철학 수업

누구에게나 맞는 옷이 아닐 때

고대 그리스 신화에는 누구든 자신의 집으로 맞아들이는 프로크루스테스라는 사람이 등장한다. 그의 집을 지나는 모든 여행자는 하룻밤 머물다 가라는 초대를 받는다.

그런데 딱 한 가지 문제가 있었다. 여행자들은 그들이 자는 침대에 정확히 몸이 맞아야 했다. 은유적인 것이 아니라, 말 그대로 몸이 침대에 딱 맞아야 했다. 만약 여행자의 키가 너무 작으면 프로크루스테스가 여행자를 잡아 늘인다. 키가 너무 크면 몸의 일부를 잘라낸다. 무슨 수를 쓰든지 친절한 프로크루스테스의 집을 지나는 모든 사람은 정확히 똑같은 크기, 그러나 약간 변형된 모습이 되고 만다. [8]

다른 사람들이 나와 똑같은 강점과 약점을 가지기를 기대하는가? 나와 가장 많이 교류하는 친구와 동료에 대한 강점 평가를 얼마나 잘 채워 넣을 수 있을까? 내가 누군가에게 무엇을 요청할 때, 그들의 강점을 얼마나 이용하려 하는가? 다른 사람들에게 조언할 때 오직 그들의 약점을 향상시키려고만 하지는 않는가?

집단에게도 같은 관점이 적용될 수 있다. 팀이나 가족으로서 우리는 다양한 강점이나 약점의 고유한 조합을 가지고 있는가? 집단으로서 가진 유리한 점이나 위험은 무엇인가? 이것이 함께 일하고 함께 사는 방식에 어떻게 영향을 끼치는가? 집단으로서 몰입 상태에 들어가는 동시에, 나에게 중요한 것을 달성하는 방법이 있을까?

제3장
요약

몰입하라.

우리는 시간이 멈출 정도로 그 순간의 활동에 몰두할 수 있다. 몰입은 그 자체로 특별한 경험일 뿐만 아니라, 뷰카 세계에서 성공하는데 도움이 되는 유익한 점이 매우 많다.

강점을 이용해 몰입하라.

몰입에 들어가는 입구는 많다. 내가 통제할 수 있는 것은 나의 강점을 지칠 만큼 힘들지도, 지루할 만큼 쉽지도 않은 수준에서 이용하는 것이다.

기회를 늘려라.

힘이 드는 재능은 절제하고, 숨은 보물을 즐기고 개발하며, 약점을 최소화하면 강점을 이용하는 시간을 늘릴 수 있다.

"물처럼 되어라."

- 이소룡

젊은 리더들을 위한 철학 수업

4장

...

나와 다른 사람들

• • •

아테나는 고대 그리스에서 지혜의 여신이었다. 그녀는 여러 도시의 수호신이자 영웅들의 조력자였다. 그중에서 이타카의 왕 오디세우스가 힘든 상황에서 집으로 돌아오면 그녀는 그를 보살펴주곤 했다. 오디세우스가 들키지 않고 이동해야 했을 때, 아테나는 옷과 모습을 바꿔 변장하는 것을 도와준다. 또한 오디세우스의 마음에 힘과 용기를 불어넣어 그가 여정을 계속할 수 있는 힘을 주기도 한다. [1] [2]

조각상이 아닌 것은 모두 제거하기

역사가 보여주듯이, 사회생활은 인간의 삶에서 필수 불가결한 부분이다. '사회생활'이라는 용어는 무척 폭넓고 대단히 많은 것들을 가리킬 수 있지만, 이번 장에서는 더 좁은 정의를 이용해 집중할 것이다.

누군가 위대한 예술가 미켈란젤로에게 물었다.

"조각상은 어떻게 만듭니까?"

미켈란젤로의 대답은 매우 놀라웠다.

"음, 그건 아주 쉽습니다. 먼저 대리석을 준비합니다. 그리고 내가 만들려고 하는 조각상이 아닌 부분은 모두 제거합니다. 남은 것이 바로 조각상입니다." [3]

넓은 의미에서 '사회생활'을 커다란 대리석이라고 생각해보자. 이번 장에서는 지금은 조각상으로 생각하지 않는 부분을 확실히 구분하는 일부터 시작해보자.

- 내 주소록에 기록된 사람이 5천 명 이상이다
- 나는 흥미로운 행사에 자주 초대받는다

- 나는 '인기'가 있고, 사람들은 나를 즉각 좋아하게 된다고 느낀다.

이 중에서 몇 가지 특징과 묘사는 익숙하게 들릴 수도 있다. 그리고 매우 유익할 수도 있다. 하지만 일상생활에서 일어나는 인간 상호 작용의 다양한 형태 중에서 많은 경우를 제거해보자. 그렇게 해서 남는 것이 바로 이 장에서 우리가 집중하고자 하는 것이다. 즉 세상에 나를 걱정해주는 누군가가 있다는 느낌이다. [4]

세상에 자신을 걱정해주는 누군가가 있음을 경험하는 사람들은 그렇지 않은 사람들보다 인생의 도전에 훨씬 더 잘 맞설 수 있다. 우리는 누군가 걱정해주는 사람이 있다는 것이 삶의 필수적인 요소라고 직관적으로 느낀다.

특히 뷰카 세계에서는 혼자가 아니라는 느낌이 많은 도전에 대한 완충장치 역할을 한다. 또한 실망에 대처하고, 예리한 정신을 유지하며, 힘든 시기를 헤쳐나가고, 신체적 건강을 증진시키는 데도 도움이 될 수 있다. [5]

만일 삶에서 그런 사람이 두세 명 있다면 잘된 일이다. 다섯 명이라면 더 좋다. 가족 구성원, 배우자, 친구 심지어 가까운 사이가 된 동료도 이런 사람이 될 수 있다. 어떤 모습일까? 이런 관계는 무수히 많은 형태로 나타날 수 있다. 다음은 몇 가지 예시이다.

- 일이 잘 안 풀리는 날에는 이 사람에게 도움을 청할 수 있다.
- 이 사람은 종종 나의 이익을 고려하여 결정을 내린다.
- 이 사람들은 나의 경력에서 결정적인 순간에 나를 도와준다.
- 이 친구는 내가 필요할 때마다, 심지어 새벽 3시에라도 함께 해 준다.

여기서 중심이 되는 요소는 내가 보살핌을 받는다고 느끼는 것이다. 보살핌을 주거나 잠재적으로 보살핌을 줄 수 있는 사람은 광범위할 수 있다. 이번 장에서는 여기에 대해서는 정의하지는 않을 것이다. 단지 어떤 것이 이런 느낌이 될 수 있는지에 대한 인식을 형성하도록 도울 것이다.

만일 주의를 기울였다면, 문제가 있다는 것을 알아챘을지도 모른다. 이 책의 중심 철학은 '스스로 통제할 수 있는 것에 철저히 집중'하는 것이다. 다른 사람이 나에게 신경 쓰는 것을 내가 통제할 수 있을까? 내가 거리를 지나는 누군가에게 지금부터 계속 나를 걱정해 달라고 부탁한다면 성공할 가능성이 얼마나 될까?

이것은 불가능한 일이라고 생각해보자. 우리는 이 어려움을 어떻게 표현해야 할까? "내 통제안에 있지 않고, 내가 상관할 바도 아니야." 이렇게 말해야 할까? 그러니까 이번 장을 완전히 건너뛰어야 할까? 혹시 이 문제를 해결하는 명쾌한 방법이 있을까? 나와 다른 사람들에 관한 문제에서, 내가 통제할 수 있는 것은 무엇일까? 창의적으로 생각해볼 수 있을까?

여기에 접근할 방법이 적어도 두 가지는 있을 것 같다.

- 첫째, 내가 다른 사람들을 위해 함께 해주는 것이다. 그것은 내가 스스로 통제할 수 있다. 내가 진정으로 아끼는 사람들은 내 주변과 삶에 있는 사람들일 가능성이 크다. 그들은 나의 관심을 어느 정도까지 느낄 수 있을까?
- 둘째, 나는 이미 나와 함께 해주는 모든 사람을 더욱 잘 인식하는 일을 할 수 있다. 나는 그들의 관심을 어느 정도까지 느낄까?

첫 번째 접근법부터 자세히 살펴보기로 하자. 다른 사람들을 위한 사람이 되는 방법은 무엇인가?

 **결혼식 축사, 2부**

'다른 사람을 위한 사람이 되기'는 현실적으로 어떤 모습일까? 다른 사람들에게 내가 그들을 걱정한다는 것을 보여주는 다양한 방법이 있다. 나의 관심을 전달하기 위해 더욱 발전시킬 수 있는 역량은 바로 공감하는 능력이다.

우리가 '공감'이라는 용어를 사용할 때 사람들은 저마다 다른 연상을 하게 될 것이다. 따라서 사고 실험을 통해 먼저 공감과 공감이 아닌 것에 대한 실질적 정의를 탐구할 필요가 있다. 이를 위해서 2장에서 다루었던 결혼식 축사 시나리오로 되돌아가 보자.

젊은 리더들을 위한 철학 수업

축사는 어디에?

• • •

이제 나는 사촌과 함께 조카의 결혼식을 위한 깜짝 축사를 완성했다. 결혼식을 앞두고 몇 주 또는 몇 달 동안, 나는 사촌과 함께 힘들게 시간을 내서 글을 쓰고, 웃고, 아이디어를 내고, 연습을 해왔다. 이제 삼촌까지 축사를 마음에 들어 하니 정말 잘된 일이다.

결혼식이 가까워지면서 기차에 오를 준비를 한다. 결혼식은 집에서 먼 곳에서 열린다. 나는 신이 나서 기대하고 있다. 결혼식에서 공식적인 역할을 맡은 것은 이번이 처음이다. 신부와 신랑이 내 농담에 웃음을 터뜨리는 모습을 빨리 보고 싶다.

결혼식 파티가 열리는 밤, 저녁 식사 시간에 사촌이 보이지 않는 것 같다. 축사 시간이 가까워지면서 나는 점점 더 초조해진다. 마침내 축사 시간을 5분 남겨두고, 사촌이 나타나더니 나에게 천천히 다가온다. 그리고 잠시 머뭇거리다가 말한다.
"있잖아, 문제가 생긴 것 같아. 우리가 읽을 축사를 내가 출력해오기로 했잖아? 그걸 집에 두고 온 것 같아. 다른 가방에 넣어놓고 집에 두고 왔나 봐."

이 연습을 위한 설명

그 순간 내가 할 수 있는 말을 모두 적어보자. 내가 개인적으로 했을 것 같은 말도 괜찮고, 다른 누군가가 했을 말을 상상해봐도 좋다.

젊은 리더들을 위한 철학 수업

이제 머릿속에 떠오르는 모든 것을 적었으면, 나의 반응을 분석할 수 있는 간단한 구조를 살펴보자.

사람들 사이에 일어나는 모든 의사소통은 최소한 두 층위의 정보를 포함한다.

첫 번째 층위는 알아채기 쉽다. 그것은 문자 그대로의 언어적 메시지다. 이는 실제로 발화된 말이다. 이번 경우에는 "있잖아, 문제가 생긴 것 같아. 우리가 읽을 축사를 내가 출력해오기로 했잖아? 그걸 집에 두고 온 것 같아. 다른 가방에 넣어놓고 집에 두고 왔나 봐."라고 한 말이 해당된다.

그리고 두 번째 층위도 있다. 말하자면 추가적인 메시지이다. 이는 감정적 메시지라고 알려져 있다. 소통자의 감정적 상태에 관한 정보를 전달하는 메시지이다.

이런 메시지를 다루는 방식은 다음 다섯 가지 유형 중 하나에 속할 수 있다.

유형 1: 묵살

어떤 이유에서든, 감정적 메시지를 묵살하고, 언어적 메시지 역시 일축하는 방법이 있다. 이것이 유용한 접근 방법이 될 수 있는 상황도 많다. 예를 들어 위험의 순간, 긴급한 업무, 결단력이 가장 중요한 위기 상황을 생각해보라. 병원 응급실이나 군대에서 수없이 '무시하는' 소통이 일어나는 것은 우연이 아니다.

다음은 결혼식 축사 연습에서 유형 1의 반응이 나타나는 예시이다.

- "괜찮아. 어차피 우리가 이런 걸 하려고 했던 건 아무도 모르니까."
- "뭐라고? 이 멍청이. 내가 예비로 가져오라고 세 번이나 말했잖아. 어쩌면 그렇게 부주의할 수가 있어?"
- "맙소사. 이런 일은 영화에서나 봤는데. 내가 무슨 영화 이야기 하는 줄 알아? 그 코미디언이 나오는 거 있잖아……. 그 사람 이름이 뭐더라?"
- "우리가 축사를 못하면 내가 어떻게 보일지 모르는 거야?"

위의 반응들에는 어떤 공통점이 있을까? 모두 사촌이 전하는 감정적인 메시지를 (그리고 어느 정도는 언어적인 메시지조차) 무시하고 있다. 메시지는 사촌이 나에게 던지는 공과 같지만, 나는 그 공을 피한다.

유형 2: 문제 해결

또 다른 방법은 글자 그대로의 언어적 메시지를 받아들이고 처리하여, 당면한 쟁점에 대해 옳거나 그른 방법, 시의적절하거나 부적절한 여러 가지 해결책을 제시하는 것이다. 문제를 해결하는 답이 저절로 생기는 경우가 많다는 것은 놀랄 일이 아니다. 우리는 학교나 직장에서 노련한 문제 해결사가 되도록 훈련받는다. 따라서 누군가의 도전이나 곤경에 대해 들으면, 자연스럽게 이런 질문이 나온다. "이 문제를 어떻게 해결하지?", "우리 선택지는 뭐지?", "내가 어떻게 도와줄까?"

다음은 결혼식 축사 연습에서 유형 2의 대답 예시이다.

- "그냥 원고 없이 즉석에서 하자."
- "근처에 프린터가 있을까?"
- "오늘 밤에 할 수 있는 만큼 최대한 다시 만들어보고 축사는 내일로 옮기자."
- "그럼 축사는 그냥 잊어버리고 오늘 저녁이나 즐기는 게 어때?"

유형 3: 인정하기

앞에 나온 방식과는 매우 다른 반응도 있다. 다른 사람의 감정적 메시지의 존재를 인정하는 것이다. 비록 그 내용이 나에게 명확하지 않다고 해도 인정을 통해, 그들의 감정적 세계로 통하는 문을 여는 것이다. 마치 초대와도 같다. 상대방은 그 세계의 일면을 나와 공유할지 하지 않을지 결정할 수 있다. 그것은 상대에게 달려 있다.

다음은 결혼식 축사 연습에서 유형 3의 대답 예시이다.

- "저런, 넌 괜찮은 거야?"
- "네 기분은 어때?"
- "축사는 나한테 그렇게 중요한 게 아니야. 너는 괜찮아?"

유형 4: 이름 짓기

또 다른 대응 방법은 감정적 메시지가 있다는 것을 인정할 뿐만 아니라, 그 특정한 감정이 무엇일지 이름을 지어주려고 하는 것이다.

틀릴 수도 있고 맞을 수도 있지만, 어쨌든 시도해본다. 이 접근법의 강점은 상대방이 심리적으로 분명히 눈에 보인다고 느끼게 만드는 것이다. 물리적으로만 눈에 보이는 것과는 대조적으로. 상대방이 그들의 감정을 분명히 표현할 수 없을 때는 그렇게 해주는 것이 큰 위안이 된다. 비록 내가 이름 붙이는 감정이 상대의 경험을 반영

젊은 리더들을 위한 철학 수업

하지 않는다고 해도, 그들은 자신의 감정을 설명하기 시작할 수 있다. 만일 상대가 원한다면, 나는 이를 통해 친밀감이 존재할 공간을 열게 되는 것이다.

다음은 결혼식 축사 연습에서 유형 4의 대답 예시이다.

- "아이고, 너 정말 안타깝겠다……."
- "얼마나 속상할지 나도 알겠어."
- "우리가 축사를 안 하게 되었으니 마음이 놓이지 않아?"

유형 5: 맥락화하기

마지막 유형은 감정적 메시지를 인정하고 이름을 지을 뿐만 아니라 상대방의 삶의 맥락에 집어넣는 것이다. 이것이 바로 이번 장에서 공감에 관한 우리의 실질적 정의가 될 것이다.

다음은 결혼식 축사 연습에 대한 유형 5의 대답 예시이다.

- "주말마다 그렇게 꾸준히 애썼는데 네가 얼마나 안타까울지 나도 알겠어."
- "이 일로 얼마나 걱정했는데, 마음이 놓이겠네. 사람들 앞에서 말

하는 건 좋아해 본 적이 없다고 말하곤 했잖아."

• "화날 만도 해. 평소처럼 네게만 다 맡기지 말고, 나도 예비로 출력해오라고 부탁했는데 말이야."

벌써 눈치챘겠지만, 맥락을 더함으로써 나는 이 특정한 사람의 역사와 소망, 바람, 가치, 꿈 등과 함께 그 사람을 인정하는 것이다. 나는 이 순간이 어떻게 그 모든 것과 맞아떨어지는지 알고 있다는 것을 상대에게 보여준다.

유형 5와 같은 답을 해보거나 받아본 적이 있는가? 그 답은 나에게 혹은 상대에게 어떤 효과를 미쳤는가?

유형 5가 언제나 최고의 답은 아니라는 것은 말할 것도 없다. 각 유형에 적당한 때와 자리가 있다. 중요한 질문은 바로 이것이다. 나는 선택에 의해 응답하는가? 아니면 습관적으로 응답하는가?

난 네가 어떻게 느끼는지 정확히 알아.
그리고 다른 함정들

사람들이 선의에서 공감해주려 할 때 저지르는 가장 큰 실수가 무엇일까? 누군가 곤경에 처해 있다고 가정해보자.

시나리오 1

친구: "좀 우울해……."

나: "어떤 기분인지 내가 정확히 알지. 나도 똑같은 일을 겪었잖아. 내가 어땠는지, 어떻게 해결했는지 자세하게 얘기해줄게."

시나리오 2

친구: "나 해고당했어……."

나: "그게 어떤 건지 내가 잘 알지. 나도 겪어봤잖아. 전적으로 이해하지, 나도 실직해봤으니까. 하지만 괜찮아질 거야. 지금 나를 보면 알잖아!"

이 시나리오들은 어떻게 진행될까? 친구는 아마도 이런 식으로 답할 것이다. "글쎄, 음……, 들어봐, 내가 지금 어떤 기분인지 넌 전혀 몰라. 네가 일자리를 잃었을 때는 나처럼 애들도 없었고 대출금도 없었잖아. 그러니까 네 말은 전혀 말이 안 된다고. 우리 상황은 공통점이 전혀 없어." 나는 이렇게 답할 수 있다. "어휴, 왜 이런 식으로 반응하는 거야? 이렇게까지 발끈할 건 없잖아! 난 그저 도와주려던 것뿐이라고!" 그리고 이러쿵저러쿵…….

이런 일은 자신이 공감하고 있다고 상상할 때 일어난다. 실제로는 선의를 가졌지만, 부적절한 '관련짓기'를 하고 있는 것이다. '관련짓기'가 적합할 때도 확실히 있다. 예를 들어 관련짓기는 낯선 사람과 자신이 공통적으로 가진 무언가에 공감하고 싶을 때 적절하다. 혹은 문제에 대한 검증된 해결책을 공유할 때도 적합하다. 그러나 관련짓기는 공감과는 분명히 다르다.

안타까운 점은 이 상황이 두 사람을 가깝게 만들 수도 있었는데, 그렇지 못했다는 것이다. 이 상황은 오히려 둘을 멀어지게 했다. 둘의 관계를 돈독하게 해줄 기회였는데, 주제에서 벗어나 누구의 설망, 실직, 실패가 더 심한지에 대한 논쟁에 묶여버렸다.

젊은 리더들을 위한 철학 수업

다음은 일반적인 경험으로 얻을 수 있는 간단한 법칙이다.

공감은 언제나 누구에 관한 것인가? = 상대방
공감은 절대로 누구에 관한 것이 아닌가? = 나!

그리고 이는 사실 좋은 소식이다. 내가 다른 사람과 공감할 능력이나 자격을 갖추기 위해서 정확히 똑같은 경험을 가질 필요가 없다는 뜻이기 때문이다.

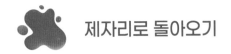

제자리로 돌아오기

이제 제자리로 돌아와 보자. 우리는 관계를 이 세계에서 나를 걱정해주는 사람을 가지는 것으로 정의했다. 이것은 우리의 통제 밖에 있지만, 다른 사람에게 내가 그런 사람이 되어주는 것은 우리의 통제안에 있다. 내가 진정으로 걱정하지 않는 경우는 제외하고, 정말로 누군가에 대해 신경 쓰고 그들이 알기를 바라는 모든 상황에서는 그렇다.

여기서 우리의 목적은 일상생활의 모든 상호작용에서 매번 나에게 언제나 가능한 선택에 대해 더 잘 인식하는 것이다. 다른 사람들에게 내가 걱정한다는 것을 알리고 싶다면, 그들의 문제를 해결하기, 그들의 상황에 관련짓기, 혹은 그들과 공감하기 등과 같은 여러 가지 방법을 시도할 수 있다.

물론 이런 일들을 하면 다른 사람들이 나에 대해 관심을 가질 가능성도 커질 수 있다. 그러나 고대 스토아학파에서 말한 것처럼 그것은 '선호되는 중립적인 것'(스토아학파에서는 선이나 악에 속하지 않으며,

어느 쪽과도 관계없는 것을 '아디아포라adiaphora'라고 하는데, 건강, 질병, 부, 가난, 죽음, 생명, 명예, 권력 등이 여기에 포함된다.

이런 중립적인 것은 다시 건강, 부, 생명처럼 그 자체로 추구해야 하는 목적이나 덕은 아니지만 선호되는 것과 죽음, 가난, 질병처럼 선호되지 않는 것으로 나누어진다-역주), 즉 일어나면 매우 환영할 일이지만, 근본적으로는 나의 통제안에 있지 않고, 그러므로 내가 상관할 바가 아니다.

당연히 나 자신을 위해 이런 일을 할 수도 있다. 아무도 막지 않는다. 나는 얼마나 자주 나 자신의 가장 좋은 친구가 되어주는가? 하루의 끝에서, 어려움을 겪은 뒤에, 기분이 어떤지 얼마나 자주 자신에게 물어보는가? 지극히 슬프거나 진심으로 안도하거나 어쩔 줄 모르게 초조하거나, 혹은 기쁨으로 가득 차 있는지 얼마나 자주 물어보는가? 그 감정은 내 삶에서 일어나고 있는 다른 모든 것의 맥락에 어떻게 부합하는가? 그리고 나 자신에게 어려움에 대처하기 위한 어떤 창의적 해결책을 제안할 수 있는가?

누가 이미 나와 함께 해주는가?

이번 장의 첫 부분에서는 내가 다른 사람들과 나 자신을 걱정해주는 바로 그 사람이 되어주는 일은 스스로 통제할 수 있다는 것을 확인했다. 또한 누가 이미 나를 위해 함께 해주는지 인식하는 것도 스스로 통제할 수 있다. 아마도 우리는 맨땅에서 시작할 필요는 없을 것이다. 이미 오디세우스를 돌보는 아테나처럼 우리를 걱정해주는 누군가가 있을 것이다. 내가 알고 있는 것보다 더 많은 사람이 있을지도 모른다.

누가 있을까? 그것을 경험하게 만드는 것은 얼마나 쉽거나 어려울까? 다른 연습을 해보자.

불을 켜기

• • •

세상에서 나에게 신경을 써줄 만한 사람들을 모두 떠올려보자. 일상
생활에서든, 성장 과정에서 만났던 사람이든 상관없다. 이 사람들은
내 삶에 큰 영향을 끼칠 수 있다. 혹은 작은 친절이나 격려의 행동을
통해서 삶을 풍요롭게 만들어줄 수도 있다.

이 사람들의 이름을 적어보고, 원한다면 그들이 나를 위해 함께 해준
방법에 대해서도 기록해보자.

이 연습을 하는 것은 어땠나? 어떤 기분이 들었나? 예기치 못한 사람이나 사건이 떠오르기도 했나?

이번 장의 첫머리에서 우리는 관계에 대한 엄격한 정의를 내리면서 시작했다. 이제 '세상에서 나를 걱정해주는 누군가'라는 정의를 조금 확장시켜보자. 누구든 내 삶을 조금이라도 수월하게, 더 즐겁게, 더 보람 있게 만들어주는 사람도 이제 목록에 넣어보자.

가족 구성원이나 친구, 약간의 친분이 있는 사람, 동급생, 이웃, 동료 등이 바로 이런 사람이 될 수 있다. 인간일 수도 있지만, 동물일 수도 있다. 생존해 있거나 그렇지 않을 수도 있다. 실존 인물이거나 책과 영화, 시에 등장하는 허구의 인물일 수도 있다. 직접 만난 사람이거나 한 번도 만난 적 없는 사람일 수도 있다.

젊은 리더들을 위한 철학 수업

연습 3
다른 누가 이미 나와 함께 해주었나?

...

관계의 정의를 확장하면, 또 누가 목록에 포함될 수 있을까?

잠시 시간을 가져도 좋다. 이번 연습을 하면서는 기분이 어땠나?
뭔가 놀랄만한 것이 떠오르지는 않았나?

젊은 리더들을 위한 철학 수업

누가 나와 함께 해줄 수 있을까?

사람들 사이의 유대 관계가 어떻게 형성되는지 생각해보자. 어떤 사람들은 내가 태어난 날부터 함께 해주었을 것이고, 혹은 내가 기억하는 한 언제나 함께해준 사람도 있을 것이다. 다른 모든 사람은 내 삶의 한 시점에서는 낯선 사람이었다가, 어쩌다가 지금 내 삶의 일부가 된 것이다. 어떻게 이런 일이 일어났을까?

아마도 내가 상대를 만난 특정한 상황은 유대 관계를 형성하기에 좋은 것이었으리라. 반복적으로 우리를 함께 하게 만드는 상황, 우리가 시간이 지나는 동안 서로를 잘 알게 되는 환경이었을 것이다. 학교는 그런 환경의 좋은 예다.

나의 현재 상황은 어떠한가? 이 '물'은 새로운 유대 관계를 만들거나 기존의 관계를 더 깊어지게 하는 데 어떻게 도움이 되는가? 이 모든 것을 쉽게 우연에 맡겨버릴 수 있는가?

심화와 확장

• • •

다음 질문에 대해 생각해보자. 상상력과 창의력을 한껏 발휘해볼 기회이다.

더 깊이 있는 관계를 만들고 싶은 상대는 누구인가? 어떻게 하면 될까?

내 삶에 새롭게 들어오게 하고 싶은 사람은 누구인가? 그렇게 하기 위한 첫 단계는 무엇일까?

4장
요약

보살핌받는다는 느낌은 중요하다.
다른 사람이 우리에게 관심을 갖는지의 여부는 우리의 통제권 안에
없지만, 다른 사람들이나 우리 자신을 보살펴주는 사람이 되는 것
은 우리의 통제권 안에 있다.

무엇을 할지 알라.
다른 사람들에게 당신이 걱정한다는 사실을 알리고 싶다면, 그들의
문제를 해결하거나 그들의 상황에 관계하거나, 그들에게 공감하는
등의 여러 가지 일을 할 수 있다.

알아차리고, 심화하고 확장하라.
자신을 현재 지지해주는 집단을 감지하거나 오랜 시간에 걸쳐 이를
구축하는 것을 스스로 얼마나 쉽게 혹은 어렵게 만드는가?

"선한 생각, 선한 말, 선한 행동."

– 조로아스터

젊은 리더들을 위한 철학 수업

5장

...

'이유'와 '방법'

· · ·

트로이 전쟁에서 싸우느라 10년간 집을 떠나 있던 오디세우스와 그의 부하들은 귀향하기 위해 항해를 한다. 아테나의 도움에도 불구하고, 그들의 여정은 여전히 불확실성으로 가득했다. 그들은 위험한 신화적 생명체들보다 한 수 앞서야 했고, 까다로운 바다를 항해하고, 여러 차례 덮치는 불운을 극복하고, 운명의 손에 맞붙어 싸워야 했다. 이 귀향 여정에 다시 10년이 걸렸다. [1]

오디세우스는 어떻게 그토록 긴 여정과 수많은 고난을 견디고 계속 살아갈 수 있었을까? 한 가지 답은 그에게 매우 분명한 '이유'가 있었다는 것이다. 이타카에 도착해서 마침내 그의 아내와 아들을 다시 한번 품에 안기 위해서였다.

니체에 따르면 "살아갈 이유가 있는 사람은, 어떤 방법으로든 견 뎌낼 수 있다." [2] 1장에서 선택한 롤 모델을 다시 떠올려보자. 그들이 해낼 수 있었던 한 가지 이유는, 아마도 뷰카 시대의 가장 힘든 시기에서도, 그들이 확고한 '이유'를 가지고 있었기 때문일 것이다. 그러나 의미는 도전과 역경의 시대에만 제한되어 있지 않다. 그들에게 의미가 있다면 삶의 좋은 시기도 더욱 풍요로워질 수 있다. 그 것은 우리 일상생활에 아름다운 방식으로 색채를 더해줄 수 있다.

인간으로서, 우리는 기억할 수 있는 한 오랫동안 삶과 별, 우주의 의미에 대해 심사숙고해왔다. 우리는 왜 여기에 있을까? 나는 왜 여기에 있을까? 이것은 평생을 바쳐 생각해볼 수 있는 근본적인 질문이다.

하지만 이번 장에서는 삶의 거창한 질문에 대해서 답하려고 하지 않을 것이다. 대신 우리는 우리가 통제할 수 있는 것에 철저히 집중하여 의미에 접근할 것이다. 목표는 의미를 경험할 수 있는 능력을 실용적 근력으로 바꾸고 그 근력을 강화시키는 것이다.

일상생활의 평범해 보이는 순간에서 어떻게 의미를 더 경험할 수 있을까? 자신의 삶과 함께 살아가고 함께 일하는 사람들의 삶에서 어떻게 더 많은 의미를 창조할 수 있을까? [3]

벽돌과 기둥과 학교에 대하여

공사장을 지나가던 사람이 일하는 사람들을 본다. 그녀는 그중 한 사람에게 다가가 묻는다. "실례합니다. 여기서 뭘 하고 계신 건지 말씀해주실 수 있나요?" 그가 대답한다. "간단해요. 나는 벽돌을 쌓고 있어요." 그녀는 같은 일을 하는 것처럼 보이는 또 다른 사람에게 걸어가서 똑같이 묻는다. 그가 고개를 들더니 말한다. "간단해요. 나는 기둥을 세우고 있어요." 그녀가 세 번째 사람에게 같은 질문을 하자, 이렇게 대답했다. "음, 난 학교를 짓고 있어요. 아이들이 와서 공부하는 곳이요."

이 세 사람 중에서 '진실'을 말하지 않은 사람이 있을까? 물론 이것은 수사적인 질문이고, 세 사람은 각자 현실을 보는 자신의 관점을 공유한 것이다. 그럼에도 불구하고 첫 번째 사람이 일어나서 일하러 가며 느끼는 기분과 세 번째 사람이 느끼는 기분이 어떻게 다른지 상상해볼 수는 있다.

따라서 이번 장에서 '의미'는 실질적이고 외부적으로 식별할 수 있는 현실에 관한 것이라기보다는 그 현실에 대한 내면의 주관적 경험에 관한 것이다.

인간 역사에서 일어난 가장 무의미한 활동

내가 하는 일이 무엇이든, 그 일에서 의미를 증대하거나 감소시키는 능력을 길러보자. 먼저 연습문제부터 시작해보자.

우리는 하나의 단일한 활동을 세 가지 다른 각도에서 살펴볼 것이다.

- '벽돌 쌓기': 즉 어떤 것에도 기여하지 않는 것.
- '기둥 세우기': 즉 무언가에 조금 기여하는 것.
- '학교 짓기': 즉 당신에게 중요한 무언가에 전적으로 기여하는 것.

이제 몇 달이나 계속된 큰 재판을 마무리하면서 판결을 내린 뒤에, 공식 기록을 위한 판결문을 쓰느라 몇 시간 동안 앉아 있어야 하는 판사를 상상해보자. 이 활동을 판사가 경험할 수 있는 세 가지 다른 방식으로 논의해보자.

0: 벽돌 쌓기

판사는 이 일을 '인간 역사에서 일어난 가장 무의미한 활동'으로 경험하기 위해서 어떻게 생각해야 할까?

- '어쨌든 이건 아무도 읽지 않을 거야.'
- "여기 들인 내 시간에 다른 여러 가지 일을 할 수도 있을 텐데.'
- "나는 내 책상에서 단어를 입력하고 있다.'
- "이 일을 하려고 그 모든 세월을 쏟아부은 걸까?'
- "지금 나 대신 다른 많은 사람들이 이 일을 할 수도 있을 거야.'

1: 기둥 세우기

다른 접근법을 취해서, 이 판사가 이 활동을 (조금 더) 의미 있는 경험으로 바꾸도록 어떻게 도와줄 수 있을까?

- "혹시 모르지, 이 일에서 뭔가 새로운 걸 배울 수도 있어.'
- "이 일을 하는 건 내가 속한 조직에 헌신한다는 걸 보여주는 거야.'
- "혹시 필요한 경우에는 우리에게 이 서류가 있으니 난 안심할 수 있을 거야.'
- "적어도 글쓰기와 문서 입력 기술 연습은 되잖아.'
- '난 바쁜 동료를 돕고 있는 거야.'

∞ : 학교 짓기

이제 열광할 수 있는 방법은 무엇일까? 어떻게 하면 판사의 일을 '인간 역사에서 일어난 가장 뜻깊은 경험'으로 바꿀 수 있을까?

'이번 일로 납세자의 세금이 들어갈 불필요한 대규모 소송을 막아줄 수 있어.'

- "이 일로 나는 우리 헌법에 대한 신뢰를 더 확고하게 하는 거야. 그건 곧 우리 사회의 근간이지.'
- "이번 사건을 문서화하면서 내가 만든 견본이 내 동료에게 선례가 되어줄 수도 있어. 미래에 동료들의 시간과 노력을 아낄 수 있게 해주는 거야.'
- "이 사건을 완벽하게 문서화하면서 사건에 대해서 많은 걸 배웠어. 난 미래에 더 나은 판사가 되고 있는 거야, 더 복잡한 사건에도 그렇게 되어야지.'
- "일의 모든 면에서 정확하게 해야 우리나라의 최고 법원으로 승진해서 갈 수도 있어.'

물론 이것은 그냥 사고 실험이다. 하지만 핵심은 이해되었기를 바란다. 동일한 물리적 활동도 내가 거기에 있다고 생각하는 의미의 수준에 따라 완전히 다르게 경험될 수 있다.

어떤 활동을 하더라도 언제나 극단적으로 인간 역사에서 일어난 가장 뜻깊은 일로 상상해야 한다는 뜻은 아니다. 이 연습의 목적은 의미를 축소하고 확대하는 것은 자신의 통제권 안에 있다는 것을 보여주려는 것이다.

의미를 확장하고 싶다면 불을 켜고 내가 기여하고 있는 그 다채로운 모습을 보라. 의미 있는 무언가를 창조하는 것에서 달갑지 않은 무언가를 방지하는 것에 이르기까지. 나의 임무는 거의 어떤 의미도 존재하지 않는 곳에서 의미를 보려고 하는 것이 아니다. 나의 임무는 존재할지도 모르는 의미를 놓치지 않도록 주의하는 것이다. 만약 내가 더 많은 의미를 경험할 수 있다면 오늘은 나에게 어떻게 달라지겠는가?

연습 1
온전한 의미 작업

· · ·

이제 직접 해볼 차례다. 특별히 즐기지 않았지만 해야 했던 최근의 활동을 생각해보라.

이 일을 '벽돌 쌓기(0)'에 대응하는 것으로서, '인간 역사에서 일어난 가장 무의미한 활동'으로 어떻게 설명하겠는가?

-
-
-
-
-

그 일을 어떻게 조금 더 의미 있는 것(1)으로 만들겠는가?

-
-
-
-
-

젊은 리더들을 위한 철학 수업

그리고 어떻게 열정적으로 '인간 역사에서 일어난 가장 뜻깊은 활동(∞)'
으로 설명하겠는가?

-
-
-
-
-
-
-
-
-
-

이제 시간을 가지고 깊이 생각해보자.

- 세 단계를 거치면서 어떤 기분이 들었는가?
- 여기에서 무엇을 배울 수 있을까?

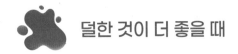

덜한 것이 더 좋을 때

고대 스토아학파에서 잠재적으로 곤란한 사건을 다룰 수 있었던 한 가지 방법은 의미를 증가시키는 것이 아니라 줄이는 것이었다. 사건들을 최대한 사실 그대로 기술하는 것이다.[5] 집안 대대로 전해 내려온 특별한 꽃병이 우연히 떨어져서 깨졌을 때, 이 사건을 경험하는 한 가지 방법은 사랑과 힘과 헌신의 상징을 전해준 선조들의 노력이 파괴된 것으로 받아들이는 것이다. 또 다른 방식은 떨어져서 깨진 꽃병으로 받아들이는 것이다.

요다와 간달프, 스팍의 덕

상황을 '가장 뜻깊은 활동'으로 바꿀 때 언제나 기여할 수 있지만 간과하기 쉬운 영역이 있다. 바로 덕이다. 덕은 긍정적으로 간주되는 성격적 특성이다.[6] 과거에, 많은 철학자들과 학파들이 덕을 실천하는 것이 인간 삶의 주된 목적이라고 여겼다.[7]

　우리의 판사에게 돌아가 보자. 그녀는 아직 서류 작업에 파묻혀 있다. 판사는 그녀의 업무의 외면적 결과와는 별도로 그녀 역시 덕을 실천하고 있다는 것을 깨달았을지도 모른다. 무엇이 이러한 덕이 될 수 있는가? 아마도 인내심일 것이다. 인내심을 실천할 수 있는 유일한 경우는 어떤 때일까? 당연히 정말로 하고 싶지 않을 때이다. 용기를 실천할 수 있는 유일한 경우가 진정한 두려움이 존재할 때인 것과 마찬가지다. 이런 도전적인 상황들을 덕을 실천할 수 있는 경우로 볼 수 있고, 따라서 자신만의 성격을 형성할 수 있는 경우로 볼 수 있다.

　우리는 매일 변동적이고 불확실하고 복잡하며 모호한 상황에서 결정을 내린다. 결과와 상관없이 이러한 조건에서, 앞에 놓인 최상의 경로를 따져보는 것으로서 지혜의 덕을 실천하고 있다. 그렇게 함으로써, 나는 〈스타워즈〉의 요다, 〈반지의 제왕〉의 간달프, 〈스타트렉〉에서 스팍과 같은 입장이 된 것이다.

어떤 덕목을 더 발전시키고 싶은가? 그 덕목을 실천하기에 가장 좋은 상황은 무엇인가? 쉽게 시작할 수 있도록 다음과 같은 보편적인 덕을 제시해두었다.

- 지혜
- 용기
- 친절
- 겸손
- 근면

- 정직
- 인내
- 관대
- 관용
- 연민

머릿속에 떠오르는 다른 덕목들을 자유롭게 추가해보자.

-
-
-

-
-
-

젊은 리더들을 위한 철학 수업

연습 2
덕을 실천하기

· · ·

가까운 시일에 계획한 활동들을 생각해보자. 즐겁게 하지 않을 활동이 있는가? 이 활동들을 통해 개발할 수 있는 덕은 무엇일까?

-
-
-
-
-

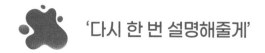

'다시 한 번 설명해줄게'

지금까지 논의했던 모든 것은 다른 사람들이 의미를 경험하는 것을 도울 때도 잘 적용할 수 있다. 그러나 그렇게 하기 전에 고려해야 할 중요한 점이 있다. 선의로 돕더라도, 단순한 진실을 간과하기가 쉽다.

나에게 의미 있는 것이라고
다른 사람들에게도 의미 있는 것은 아니다.

2장에서 다루었던 결혼식 축사의 예를 돌이켜보자. 이번에는 축사의 내용에 초점을 맞추어보자. 다양한 하객들은 저마다 다른 이유에서 결혼식을 의미 있게 생각할 것이다. 이제 모두가 결혼식에 참석할 오직 한 가지 이유(이를테면 사랑하는 두 사람을 격려하기 위해)에 동의해야 한다는 말을 들었다고 가정해보자. 그것이 얼마나 현실적일 수 있을까? 그리고 얼마나 필요할까?

다른 사람이 자기에게 중요한 것이 나에게도 중요해야만 한다고 당연하게 여기는 일이 얼마나 자주 있나? 그럴 때 나는 어떤 기분이 드는가? 돌이켜보면, 나는 다른 사람들에 대해서 이런 추정을 얼마나 했을까?

그렇다면 이 질문에 우리는 어떻게 접근할 수 있을까? 의미의 다양한 원천들을 어떻게 구분하고 다양한 의미가 공존하는 공간을 어떻게 만들 수 있을까?

의미의 원천은 아마도 무한할 것이다. 그것을 분류하는 방법도 다양하다. 서로 공유할 수 있는 언어로 표현하기 위해서, 한 가지 예를 제시한다.

	예시
개인적	새로운 것을 배운다 덕을 개발한다 직업적으로 성장한다
관계적	친구와 가족의 행복을 가능하게 한다 공동체나 팀, 조직에 대한 소속감을 느낀다
조직적	조직의 성과를 강화한다 지속되는 기관을 만든다
사회적	환경을 복원한다 시민의 임무를 실천한다 경제적 손실을 방지한다 번영하는 공동체를 건설한다
형이상학적	삶의 근본적 문제를 이해한다

이렇게 다양한 의미의 범주를 읽어본 뒤에, 나에게 '의미의 별' 백 개가 주어졌다고 상상해보자. 다섯 가지 범주에서 내가 의미 있다 고 생각하는 곳에 별을 나누어준다. 이론적으로 중요하다고 생각 하는 것이 아니라, 진정으로 나의 흥미를 일깨우는 것을 선택한다.

어떤가? 답이 직관적으로 떠올랐는가? 아니면 고심 끝에 답을 했 는가? 결과에서 놀랄만한 점이 있었나? 별이 골고루 배분되었나? 아니면 선호하는 범주가 있는 것으로 보이나?

나에게 선호하는 것이 있듯이, 다른 사람도 마찬가지다. 따라서 집단 구성원 전체나 자녀들, 학급, 동료, 또는 다른 누군가에게 동 기를 부여하려 할 때는 언급하는 의미의 범주에 대해 각별히 신중 하게 고려해야 한다.

모든 연설과 이메일, 질문, 대화, 기념식 등에서 주의하지 않더라 도, 다른 사람들은 내 이야기에 공감하지 않는다고 말하지는 않을 것이다. 그들은 그저 고개를 끄덕거릴 것이다. 솔직히 누군가 이야 기하는데 끼어들어서 "난 당신이 하는 말이나 근거, 상세한 내용에 전혀 관심이 없어요."라고 말하기는 너무 민망하지 않은가? 이렇게 되면 활동에 의미를 불어넣을 기회를 놓칠 뿐만 아니라, 나와 다른 사람들 사이에 불필요한 거리를 만들게 된다.

다시 한번 강조하지만, 이것은 의미가 전혀 없는 곳에서 의미가 있는 척하라는 것이 아니다. 가끔은 나에게 그저 벽돌 한 더미가 있고, 사람들의 도움을 받아 벽돌을 쌓아야 할 때가 있다. 내가 상황을 분명히 밝히면 사람들은 고맙게 생각할 것이다. 하지만 연습을 거치면 나에게 직접적으로 와닿지 않는 범주의 의미라 할지라도, 적당한 사람에게 적당한 때에 적당한 정도의 의미를 제공할 수 있을 것이다.

이것은 나에게 의미 있는 것을 다른 사람들과 공유할 수 없다는 뜻이 아니다. 오히려 진정한 영감을 줄 수도 있다. 다만 내가 생각하는 의미의 형태를 일반화하여 주변 모든 사람들에게 강요하지 않도록 주의하라. 다음 연습에서 이것을 실천해보자.

모든 원천 활용하기

• • •

성공하려면 사람들의 도움이 필요한 특정한 시도, 업무 혹은 프로젝트를 생각해보자. 어떻게 이야기해야 의미의 다양한 범주를 다룰 수 있을까?

현실적이면서도 의미의 각 범주를 어디까지 확장할 수 있을지 도전해보자.

0	1	∞
벽돌 쌓기	기둥 세우기	학교 짓기

• 개인적

0 벽돌 쌓기	1 기둥 세우기	∞ 학교 짓기

· 관계적

· 조직적

· 사회적

· 형이상학적

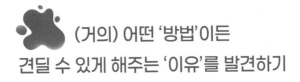 ## (거의) 어떤 '방법'이든
견딜 수 있게 해주는 '이유'를 발견하기

지금까지 당신은 완전히 의미 없는 것과 놀랍도록 뜻깊은 것 사이의 영역을 항해하는 법을 배웠다. 또한 사람들이 중요하게 생각할 수 있는 것의 다양한 범주에 대해서도 배웠다. 이 마지막 연습은 자신에게 의미 있는 것이 무엇인지 지금까지의 삶에 기반하여 더욱 찾아볼 수 있게 하려는 것이다.

연습 4
나의 삶

• • •

내 삶의 단계마다 당시에 중요하게 여겼던 것 세 가지 정도를 생각해
보자. 긍정적이든 부정적이든, 크든 작든 상관없이 자연스럽게 기억
나는 대로 적어보자.

삶의 단계:

중요한 것 1:

중요한 것 2:

중요한 것 3:

삶의 단계:

중요한 것 1:

중요한 것 2:

중요한 것 3:

삶의 단계:

중요한 것 1:

중요한 것 2:

중요한 것 3:

삶의 단계:

중요한 것 1:

중요한 것 2:

중요한 것 3:

삶의 단계:

중요한 것 1:

중요한 것 2:

중요한 것 3:

젊은 리더들을 위한 철학 수업

어떤 기분이 들었는가? 반복되는 주제나 패턴을 찾을 수 있었나? 삶에서 어떤 '방법'이든 견딜 수 있도록 도와주었고, 앞으로도 도와줄 '이유'는 무엇일까?

내가 하는 여러 가지 것들이 확실히 나 자신보다 더 큰 무언가에 기여한다는 사실을 아는 것은 큰 힘이 된다. 아마도 그중에서 몇 가지는 내가 최종 결과를 볼 수 없을 것이다. 내가 노력한 결실이 눈에 보이기까지 한 세대 이상이 걸릴 수도 있다. 그러나 의미에 관해서는, 모든 단계가 그 자체로 가치 있게 나타날 수 있다.

의미를 경험하라.

새로운 활동이나 뜻깊은 활동에 착수하는 것뿐만 아니라, 이미 하고 있는 일을 다르게 생각하는 것으로도 의미를 느낄 수 있다.

차이를 인정하라.

같은 일을 하는 데도 전혀 다른 이유가 있을 수 있다.

지금 (혹은 나중에) 적용하라.

이 책을 읽는 것은 나에게 어떤 기여를 하는가?

> "인간 존재의 신비는 단지 살아 있음에 있지 않고,
> 살기 위한 어떤 목적을 찾는 데 있다."
>
> - 표도르 도스토옙스키

6장

...

시작과 끝

• • •

오디세우스는 무려 이십 년이 지난 뒤에 아내와 아들을 품에 안는다…….

헤라클레스는 열두 가지 과업을 완수한다…….

알렉산더 대왕은 마침내 디오게네스가 뜻한 바를 이해한다…….

공사장의 일꾼들은 학교를 다 짓는다…….

어린 물고기 둘은 물이 무엇인지 이해한다…….

나는 이 책에서 여기까지 이르렀다…….

앞서 논의한 내용이 여정에 관한 것이었다면, 이번 장은 목적지에 관한 것이다.[1] 감정의 크기와는 별개로 종결, 완수, 성취의 느낌에 관한 것이다. 이 느낌 자체를 목적으로 추구할 수도 있다. 예를 들어 다음과 같은 사람을 생각해보라.

- 단지 '할 일'의 항목에 줄을 그어 지우기 위해서, '할 일 목록'에 이미 끝마친 업무를 적어 넣는다.
- 게임에서 이기려고 몇 번이고 되풀이하여 시도한 끝에 마침내 이긴다.
- 단지 할 줄 알게 되려는 목적에서, 새로운 기능(예를 들어 악기 연주나 운동, 특정한 요리를 만드는 법 등)을 배운다.

순전히 성취감에서 오는 '쾌감'을 맛보기 위해 하는 일이 있는가? 음식과 물이 육체에 꼭 필요한 것과 마찬가지로, 성취감 역시 심리적 필수품으로 간주할 수 있다.[2]

이것을 뷰카 맥락에서 살펴보자. 나의 주변 환경은 성취감을 얼마나 자주 제공하는가? 수백 년은 물론이고 수십 년 전과도 다르게, 많은 사람에게 일상은 갈수록 더 추상적이고, 무형적이며 장기적인 측면에 집중되고 있다. 따라서 대부분 사람에게 성취의 순간

젊은 리더들을 위한 철학 수업

은 일상생활에 자연스럽게 나타나지 않는다. 외과 의사나 구두장이가 아닌 이상, 내가 매일 하는 일의 최종 결과를 보려면 몇 달, 심지어 몇 년이 걸리기도 한다. 그 덕분에 힘든 시기를 이겨내기가 더 어려워졌다.

연습 1

...

지난 두 달을 되돌아보면서, 내가 성취한 일을 할 수 있는 한 많이 생각해서 기록해두자. 다른 사람들에게 보이는 성과이거나 나에게만 보이는 성과도 괜찮다. 이것은 무언가를 해서 달성한 것이 될 수도 있고, '노력해서 하지 않음'으로써 달성한 것(예를 들어 금연처럼 해로운 것을 중단하는 일)이 될 수도 있다.[3]

-
-
-
-
-
-

어떤 사람들은 이 연습을 하면서, 목록에 단지 서너 개의 성과만 적는다. 여러 개를 적는 사람들도 있다. 후자의 경우가 전자보다 훨씬 더 생산적이라는 뜻일까? 답은 당연히 '아니다. 꼭 그렇지는 않다.'이다. 하지만 이는 사람들이 저마다 성과를 다르게 정의한다는 사실을 분명히 드러낸다. 그건 괜찮다. 내가 진정으로 무언가를 성취했는지 아닌지 알고 결정할 수 있는 유일한 사람은 바로 나이기 때문이다.

따라서 어떤 것이 업적인지 아닌지를 확인하는 점검표 같은 것은 여기에 없다. 그러나 나는 그 기준을 어디에, 어떤 이유에서 두는지 더 잘 인식할 수 있게 된다. 원하든 원하지 않든, 나는 기준을 가지고 있다. 자신이나 다른 사람들에게 주기적인 성취감을 얼마나 경험하기 쉽게 만들고 있는가? 혹은 어렵게 만들고 있는가?

내가 업적이라고 간주하는 것에 대한 (매우) 높은 기준을 가지면 어떤 유리한 점이 있나?

- 평범한 기대치를 넘어서 그 이상을 성취할 수 있는 추가적인 동기유발 요인이 될 수 있다.
- 목표를 달성했을 때, 더욱 인상적일 것이다.
- 다른 사람들이 대단한 일을 해낼 수 있도록 영감을 준다.

(매우) 높은 기준을 가질 때 치르는 대가는 무엇인가?

- 결코 목표를 달성하지 못할 위험이 있다.
- 벅찬 업무는 시작조차 하기 꺼려질 수도 있다.
- 무언가를 완수했다는 기분을 좀처럼 느끼기 어려울 것이다.

내가 업적이라고 간주하는 것에 (매우) 낮은 기준을 두면 어떤 유리한 점이 있을까?

- 삶에서 성취의 쾌감을 자주 경험한다.
- 지속적인 동기부여를 즐긴다.
- 새로운 업무에 착수하기가 쉬워진다.

(매우) 낮은 기준을 가질 때 치르는 대가는 무엇인가?

- 성취로 얻는 쾌감이 희석될 수 있다.
- 두드러지는 시험대가 없으므로 의욕이 넘치지 않는다고 느낄 수 있다.

- 삶에서 주요한 과업을 성취하는 일에 집중하지 못하고, 잠재력의 대부분을 사용하지 못할 수 있다.

이 질문들에 대해 깊이 생각해보면서, 지금 나는 업적을 어떻게 규정하고 있는지 평가할 수 있다. 자신을 위해 조정하고 싶은 부분이 있는가? 나의 관점에서, 업적을 이루려면 의지가 요구되는가? 혹은 전혀 필요하지 않은가? 처음 작성한 목록에 더하거나 빼고 싶은 항목이 있는가? 가까운 사람들에게 무엇을 나의 업적으로 생각하는지 물어보아도 좋다.

 색깔 세기

지금 공원 벤치에 앉아 이 책을 읽고 있을지도 모르겠다. 버스 좌석이나 거실 의자에 앉아 있을 수도 있다. 어디에 있든, 이제 주위를 둘러볼 시간이다.

젊은 리더들을 위한 철학 수업

연습 2
빨간색인 것은 모두 세기

• • •

지금부터 15초 동안 주변에서 빨간색인 것이 몇 개인지 세어보자. 아래에 숫자를 기록해둔다.

이제 초록색인 것은 몇 개인지 적어보자. 단 이번에는 주변을 다시 둘러보지 않는다. :)

이번 연습은 집중의 효과를 인식하기 위한 일종의 속임수였다. 빨간색 물건을 세는 동안, 초록색 물건은 몇 개나 눈에 띄었는가?

초록과 빨강은 모두 거기 있었고, 같은 시간에 있었다. 그러나 나는 주로 집중하고 있는 것만을 보게 된다. 이 추론은 일상생활에도 옮겨질 수 있다. 주말이 되면 어떤 일이 일어날까? 다음 질문을 스스로 해보자. 이번 주에는 무엇이 잘못되었는가? 무엇을 끝내지 않았는가? 무엇이 계획보다 뒤처져 있는가?

이것은 완벽히 합리적인 질문으로, 다음과 같이 묻는 것과 마찬가지다. '내 주변에 빨간색은 뭐였지?' 하지만 어디에 초점을 맞출지 의도적으로 결정하지 않는다면, 오직 빨간색만이 기억날 것이다. 또는 빨간색이 주변에서 가장 흔한 색이었다고 믿게 될 수도 있다. 그렇다면 자신에게 이렇게 물어보면 어떨까? '빨간색은 뭐였지?'라는 질문에 더해 —대신하는 것이 아니라— '초록색은 뭐였지?'라는 질문도 하는 것이다. 다시 말해, 주말이 되면 스스로 다음과 같은 질문을 해볼 수 있다. '무엇이 잘 되었지? 제때 마무리한 일은 무엇이지? 기대보다 잘된 일은 무엇이지?' 이렇게 하면 그 쾌감, 성취감을 한 단계 나아갈 때마다 느낄 수 있다.

젊은 리더들을 위한 철학 수업

 ## 마법 같은 축하

성취는 무시되거나 인정받을 수 있다. 혹은 최대한 활용하기 위해서 축하할 수 있다. 고대 그리스 역사가인 폴리비오스의 말에 따르면 '이기는 방법을 아는 사람은 그 승리를 제대로 활용할 줄 아는 사람보다 훨씬 더 많다.'[4] 축하에는 어떤 비용도 들지 않는다. 거창하거나 미리 계획해야 할 필요도 없다. 즉흥적인 축하가 가장 기억에 남고 재미있을 수 있다.

업적을 축하한 경험이 있는가? 즐거웠던 축하 방법은 어떤 것들이었나? 주변 사람들은 그들의 업적을 축하하기에 좋은 방법으로 어떤 것을 고려할까? 그들이 그렇게 하는 것을 도와줄 수 있을까?

축하 아이디어

• • •

성취를 축하하는 방법으로 어떤 것을 좋아하는가? 다음은 시작하기 위한 몇 가지 아이디어이다. 자신의 아이디어도 덧붙여보자.

- 맛있는 음식을 준비한다.

- 좋아하는 음악을 튼다.

- 시간을 내어 좋아하는 일(2장 참조)을 한다.

- 풍선을 불고, 목표 달성을 도와준 사람을 초대한다.

-

-

-

6장
요약

성공적으로 성취하라.
뷰카 세계의 상황에서는 내가 일한 결실을 자신에게 더 잘 보이게
하는 것이 유익하다.

기준을 조정하라.
오직 나만이 나에게 성취가 무엇인지 결정할 수 있다.

원하는 때에 축하하라.
- 지금 시작이다.

"큰일은 사소한 행위에서 비롯된다."

– 노자

젊은 리더들을 위한 철학 수업

결론

...

사랑과 작별

∙ ∙ ∙

"생각하는 방법을 배운다고 할 때…… 사실은 무엇을 어떻게 생각할지 통제하는 방법을 배운다는 뜻이다. 무엇에 관심을 가질지, 경험에서 의미를 어떻게 구성할지에 대해 선택할 수 있을 만큼 자각하며 인식한다는 뜻이다. 성인의 삶에서 이런 선택권을 행사할 수 없거나 하지 않는다면, 완전히 낭패를 볼 것이기 때문이다."

— 데이비드 포스터 월리스

우리는 이 인용문과 함께 이 책을 시작했다. 그리고 다시 제자리로 돌아와 이 인용과 함께 책을 마칠 것이다. 이 책을 만드는 데 참여한 우리 모두, 독자 여러분이 어떤 순간, 어떤 상황에서든 스스로 더 많은 선택지가 있다고 느끼기를 바란다.

이 책은 해야 하는 것이 아니라, 할 수 있는 것에 관한 책이다. 결국 결정은 자신의 의지와 창의성, 인생 경험, 그리고 집중하고자 하는 고유한 강점을 바탕으로 내릴 수 있다. 자신의 환경과 그 안에 있는 사람들에 대한 인식을 높이든 아니든, 그것은 나에게 달려 있다. 내가 좋아하는 것, 다른 사람을 위해 함께 해주는 것, 덕을 쌓는 것, 성취를 축하하는 것에 더 집중하든 아니든, 모두 나에게 달려 있다.

배의 가치는 나를 강 건너편으로 데려다주는 능력에 있다. 강 건너편에 다다르면 나는 나의 삶을 계속 살아나간다.[1] 이 책이 그 여정에 도움이 되었기를, 그리하여 이르고 싶은 곳에 더 가까이 갈 수 있기를 바란다.

젊은 리더들을 위한 철학 수업

• • •

감사의 글

"인간이 도달할 수 있는 가장 높은 경지는 경이로움이다. 그리고 원초적인 현상이 그를 경이롭게 한다면, 그것에 만족하도록 두어라. 그보다 더 높은 것은 줄 수 없다. 그리고 그 뒤에서 더 이상 찾지도 말아야 한다. 여기가 한계다."

—요한 볼프강 폰 괴테

삶에 대해 경이롭게 생각하고, 다른 이들과 생각을 나눈 모든 사람에게 감사하는 마음이다. 이런 생각들이 이 변화무쌍한 세계에서 빛나는 별처럼 우리를 이끌어준다.

아름다운 꿈과 헌신적인 노력, 누구보다 높은 기준으로 모든 것을 가능하게 해준 모니레 사드르자데에게 감사한다.

어린 시절부터 누구보다 다채로운 아이디어로 발견하고 연결하고 쓰고 이름 짓고 바꾸기를 하며 함께 놀던 총명하고 창의적인 동지 레일라 키안에게 고마움을 전한다.

영 리더스 포럼의 초창기부터 함께 활기찬 공동체를 만들고, 이 책을 쓰는 데 많은 도움을 준 클레멘스 파바흐에게 감사를 표한다.

내게 영감을 주는 천사 폴레트 반 옴멘의 사랑과 유머와 지혜 덕분에 모든 과정과 가장 힘든 시기를 견뎌낼 수 있었다.

클라우디오 페저를 비롯하여 스벤 스미트, 메리 미니, 도미닉 바턴, 닉 반 담, 롭 토이니슨, 듀어트 이니아, 피터 드 위트, 봅케 훅스트라, 릭 커클랜드, 피에르 구르지안, 크리스 개뇽, 폴 러튼, 진 팀싯, 진 쿠오, 코린 핏, 렌스 테르 와이드, 파비안 빌링, 말리스 즈반, 스콧 켈러, 니콜라 주리시츠, 에멜리에 에켈렌스, 스크라이브 미디어의 훌륭한 팀, 니콜라이 닐슨, 미란다 버크호프, 코넬리우스 바우어, 마틴 뢰시, 야스퍼 반 할더, 조안나 바시, 마티아스 브루닉, 로베르트 카소우, 알렌 뱁, 토리 파히, 요한나 히르셔, 로리 얀센, 리즈 에릭슨까지, 기회를 열어주고 친절하게 응원해준 모든 분에게 감사한다.

누시 키안, 마르텡 부스트라, 아네미크 크란스, 레나드 부스트라, 마누 코스트, 플로리스 부스트라, 킴 반 데어 펠츠, 로빈 반 메르케스테인, 바시아 코스트르제바, 케이트 밴아킨, 브리오니 빈, 퇸 헤름슨, 타이슨 게이로드, 세바스티엥 팔켄베르그, 마크 셰이드, 세판드 삼자데, 티보 퓨진, 아델레 하스헤미, 글렌 크루즈, 줄레잇 오데, 사이먼 아파노, 앤 블랙맨, 헤르베 하위스만, 다넬레 숄츠, 메르야 콜레메넨, 조시 로덴버그, 마리안 무크타라, 에밀리 발렌토바, 무지유, 에밀리 유에, 파빈 삼자데, 에만 바테네, 오드리 스티커스, 예룬 하위스만, 마리케 에빙, 파리둔 도티발라, 코렌틴 델레파우트, 라이자 루빈스틴 말라무드, 모신 아우아스, 케빈 쿠믈러, 조이 친, 레오노어 샤우텐 네텐, 티파니 웬들러, 마리아 요스, 리제트 스타인스, 얀 테이스 네이센, 크리스티안 베렌즈, 코리나 겔레브, 얍 프리젠도르프, 요헨 하트만, 율리 프라이, 베네딕트 크링스, 알렉산더 뷸로, 페카   리, 메케 드 용, 그레이스 호, 마이크 비로, 한나 카우스티아, 크리스티나 팀, 마틴 크래머, 아델린 드 바지어, 엘렌 브라퀴네, 장-엘리 아론, 알렉샌드라 맥머리, 캐롤 위즈, 궂은 날에도 맑은 날에도 도움을 준 모든 친구와 가족에게 감사한다.

부록 A
개인 역량 좌표

• • •

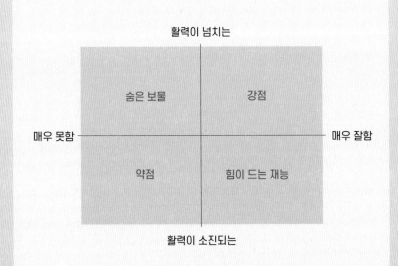

활력이 넘치는

숨은 보물	강점

매우 못함 ———————————— 매우 잘함

약점	힘이 드는 재능

활력이 소진되는

젊은 리더들을 위한 철학 수업

부록 B
나의 통제권에 있는 다른 것들

• • •

나의 통제권에 있는 다른 것들

• • •

젊은 리더들을 위한 철학 수업

나의 통제권에 있는 다른 것들

...

부록 C

생각, 발상 그리고 그 밖의 것들

• • •

생각, 발상 그리고 그 밖의 것들

· · ·

생각, 발상 그리고 그 밖의 것들

. . .

젊은 리더들을 위한 철학 수업

생각, 발상 그리고 그 밖의 것들

...

저자에 대하여

기업가이자 교사인 케이반 키안은 매켄지앤드컴퍼니 암스테르담 사무소에서 경영컨설턴트로 일하고 있다. '영 리더스 포럼'의 창립자로, 하버드 경영대학원, 에이치이시, 시앙스포 등의 학교에 초청되어 강연했다. 어린 시절부터 사람들이 어떻게 삶의 힘든 시기를 견디고 성공할 수 있는지 이해하는 데 관심이 많았으며, 어렵게 얻은 교훈을 서로 나눔으로써 더 나은 세상을 만들 수 있기를 희망한다. 인시아드에서 MBA를 이수하고, 에라스무스대학교에서 경제학과 법학으로 학위를 받았다.

H₂ & O

┃ 들어가며

1. 마틴 셀리그만, 『마틴 셀리그만의 플로리시』, 우문식 외 옮김 (물푸레, 2020)

2. 저자가 개발한 '영 리더스 포럼'은 며칠에 걸쳐 진행되는 워크숍으로 변동적이고 불확실하며 복잡하고 모호한 세계에서 젊은 리더가 앞서 나가고 성장하고 성공하는 데 도움을 주기 위해 고안되었다.

┃ 1장: 인식과 선택

1. 에디스 해밀턴, 『에디스 해밀턴의 그리스 로마 신화』, 서미석 옮김 (현대지성, 2017)

2. 데이비드 포스터 월리스, 『이것은 물이다: 어느 뜻깊은 행사에서 전한 깨어 있는 삶을 사는 방법에 대한 생각들』, 김재희 옮김 (나무생각, 2012)

3. 뷰카VUCA는 미 육군에서 처음 만든 용어로 현대 세계의 변동적이고Volatile 불확실하며 Uncertain 복잡하고Complex 모호한Ambiguous 특성을 나타낸다.

4. B. J. Kreisman, "Insights into Employee Motivation, Commitment, and Retention," Business Training Experts: Leadership Journal (2002): 1-24. B. J. 크리스먼, 「고용인 동기부여와 헌신, 유지에 관한 통찰」, 『비지니스 트레이닝 엑스퍼츠: 리더십 저널』 (2002) 1~24쪽.

5. J. Rodin, "Aging and Health: Effects of the Sense of Control," Science 233 (1986): 1271-1276. J. 로딘, 「노화와 건강: 통제의식의 효과」, 『사이언스 233』 (1986) 1271~1276쪽.

6. P. E. Spector, C. L. Cooper, J. I. Sanchez, M. O'Driscoll, K. Sparks, P. Bernin, A. Büssing, et al., "Locus of Control and Well-Being at Work: How Generalizable Are Western Findings?"

Academy of Management Journal 45, no. 2 (2002): 453-466. P. E. 스펙터 외, 「직장 내 통제와 행복의 중심: 서구의 발견은 얼마나 일반화할 수 있는가?」 「아카데미 오브 매니지먼트 저널 45」 2호 (2002) 453~466쪽.

7. 나심 니콜라스 탈레브, 「안티프래질: 불확실성과 충격을 성장으로 이끄는 힘」 안세민 옮김 (와이즈베리, 2013)에서 영감을 얻었다.

8. 2014년 봄, L. 키안과 K. 키안의 대화에서 처음 만든 용어와 통찰을 바탕으로 하였다.

9. Epictetus, Of Human Freedom, trans. Robert Dobbin (London: Penguin Books Ltd, 2010) 에픽테토스, 「인간 자유에 관하여」 로버트 도빈 옮김 (펭귄북스, 2010)
에픽테토스, 「에픽테토스의 인생을 바라보는 지혜」 강현규 엮음, 키와 블란츠 옮김 (메이트 북스, 2019)

____, 「에픽테토스의 자유와 행복에 이르는 삶의 기술」 아리아노스 엮음, 강분석 옮김 (사람과책, 2008)

____, 「왕보다 더 자유로운 삶」 김재홍 옮김 (서광사, 2013)

| 2장: 긍정과 부정

1. Diogenes, Sayings and Anecdotes, with Other Popular Morlists, tran. R. Hard (Oxford, Oxford University Press, 2012). 디오게네스, 「격언과 일화, 다른 대중적 도덕주의자들과 함께」 로빈 하드 옮김 (옥스포드대학출판부, 2012)

2. 마틴 셀리그만, 「마틴 셀리그만의 플로리시」

3. W. G. Parrott, The Positive Side of Negative Emotions (New York: Guilford Press, 2014). 제로드 패럿, 「부정적 감정들의 긍정적 측면」 (길포드 프레스, 2014)

4. M. M. Tugade, B. L. Fredrickson, and L.F. Barrett, "Psychological Resilience and Positive Emotional Granularity: Examining the Benefits of Positive Emotions on Coping and Health," Journal of Personality 72, no.6 (2004): 1161-1190. M. M. 투가디 외, 「심리적 복원성과 긍정적 감정의 입상: 대응과 건강에 관한 긍정적 감정의 유익성 검토」 「성격심리학회지 72」 6호 (2004) 1161~1190쪽.

5. B. L. Fredrickson, "The Role of Positive Emotions in Positive Psychology," American Psychologist 56, no.3 (2001): 218-226. B. L. 프레드릭슨, 「긍정 심리학에서 긍정적 감정의 역할」, 『미국심리학회 56』 3호 (2001) 218~226쪽.

6. Hal Leonard Europe Limited의 허가를 받아 사용됨, "My Favorite Things" (영화 <사운드 오브 뮤직>에서). 오스카 해머스타인 2세 작사, 리처드 로저스 작곡. © Copyright 1959 (Renewed) Richard Rodgers and Oscar Hammerstein ii. Williamson Music, a Division of Rodgers & Hammerstein: a Concord Music Company, owner of publication and allied rights throughout the world. Print Rights administered by Hal Leonard LLC. All Rights Reserved. International Copyright Secured.

7. B. L. Fredrickson, "The Broaden-and-Build Theory of Positive Emotions," Philosophical Transations of the Royal Society B: Biological Science 359, no. 1449 (2004): 1367~1378. B. L. 프레드릭슨, 「긍정적 감정의 확장과 수립 이론」, 『왕립사회회보 359』 1449호 (2004) 1367~1378쪽.

8. 2017년 여름, L. 키안과 K. 키안이 대화를 나누던 중에 처음 만든 용어와 통찰을 바탕으로 하였다.

9. 마틴 셀리그만, 『마틴 셀리그만의 낙관성 학습: 어떻게 내 마음과 삶을 바꿀까? 긍정 심리학의 행복 가이드』, 우문식 외 옮김 (물푸레, 2012)

10. 이 책에서 사용한 '학습된 낙관성'의 개념과 용어는 2012~2019년에 개최된 영 리더스 포럼의 결과를 토대로 변형한 것이다.

11. 존 가트맨, 낸 실버, 『행복한 결혼을 위한 7원칙』, 노동욱 외 옮김 (문학사상사, 2017)

12. 영화 <나는 사랑과 시간과 죽음을 만났다Collateral Beauty> (데이비드 프랭클 감독, 알란 로엡 각본, 2016)의 제목에서 영감을 얻은 용어이다.

13. A. M. Wood, J. J. Froh, and A. W. A. Geraghty, "Gratitude and Well-Being: A Review and Theoretical Integration," Clinical Psychology Review 30, no.7 (2010): 890-905. A. M. 우드 외, 「감사와 행복:검토와 이론적 통합」, 『임상심리학 리뷰 30』 7호 (2010) 890~905쪽.

14. 2017년 여름, L. 키안과 K. 키안이 대화를 나누던 중에 만든 용어이다.

3장: 강점과 약점

1. Epictetus, Discourses, Fragments, Handbook, trans. R. Hard (Oxford: Oxford University Press, 2014). 에픽테토스, 『담론, 단편, 편람』 R. 하드 옮김 (옥스퍼드대학 출판부, 2014)

2. 미하이 칙센트미하이, 『몰입: 미치도록 행복한 나를 만난다』 최인수 옮김 (한울림, 2004)

3. 마틴 셀리그만, 『마틴 셀리그만의 플로리시』

4. 미하이 칙센트미하이, 『몰입: 미치도록 행복한 나를 만난다』 최인수 옮김 (한울림, 2004)

5. 셰인 J. 로페즈, 찰스 릭. 스나이더, 『긍정심리학 핸드북』 이희경 옮김 (학지사, 2008)

6. 이 체계는 캡CAPP의 강점 분석Strengths Profile, 갤럽Gallup의 강점검사StrengthsFinder, 마틴 셀리그만의 강점진단VIA에서 차용하였다.

7. 이 체계는 캡CAPP의 강점 분석Strengths Profile, 갤럽Gallup의 강점검사StrengthsFinder, 마틴 셀리그만의 강점진단VIA에서 차용하였다.

8. 진 시노다 볼렌, 『우리 속에 있는 남신들』 유승희 옮김 (또하나의문화, 2020)

4장: 나와 다른 사람들

1. 호메로스, 『일리아스』 천병희 옮김 (도서출판 숲, 2015)

2. 호메로스, 『오뒷세이아』 천병희 옮김 (도서출판 숲, 2015)

3. 나심 니콜라스 탈레브, 『안티프래질』

4. 마틴 셀리그만, 『마틴 셀리그만의 플로리시』

5. W. J. Chopik, "Associations among Relational Values, Support, Health and Well-being across the Adult Lifespan," Personal Relationships 24 (2017): 408-422. 윌리엄 초픽, 「성인 수명 전반에서 관계적 가치와 지지, 건강, 행복 사이의 연관성」 『퍼스널 릴레이션십스 24』 (2017) 408~422쪽.

6. 존 가트맨, 『내 아이를 위한 사랑의 기술: 감정코치』 남은영 감수 (한국경제신문, 2007)와 R. 키건, 「감정의 색The Colors of Emotions」 『상담 마스터 클래스 핸드북Counseling Master Class Handbook』 내부 교육 자료 (매켄지앤드컴퍼니, 2013)에서 차용하였다.

| 5장: '이유'와 '방법'

1. 호메로스, 『오뒷세이아』, 천병희 옮김 (도서출판 숲, 2015)

2. 프리드리히 니체, 『우상의 황혼』, 박찬국 옮김 (아카넷, 2015)

3. 마틴 셀리그만, 『마틴 셀리그만의 플로리시』

4. '존 F. 케네디와 잡역부' 이야기와 아네트 시몬스의 '성당 건축' 이야기에서 차용하였다.

5. 에픽테토스

6. 『옥스포드 영어 사전Oxford Dictionalry of English』 (옥스퍼드대학 출판부, 2010)

7. 스탠퍼드 철학 백과사전The Stanford Encyclopedia of Philosophy, 덕 윤리Virtue Ethics 항목 (2016
   년 검색) https://plato.stanford.edu/entries/ethics-virtue

8. J. 바시 외, 『내공의 리더십』, 장영철 외 옮김 (이프레스, 2016)에서 차용하였다.

9. 이 연습은 저자가 2014년 가을, 동료에게 소개받았으며 이 책에서 변형하여 사용하였다.

| 6장: 시작과 끝

1. 마틴 셀리그만, 『마틴 셀리그만의 플로리시』

2. 마틴 셀리그만, 『마틴 셀리그만의 플로리시』

3. 2018년 봄, L. 키안과 K. 키안이 대화를 나누던 중에 만든 용어이다.

4. Polybius, The Histories, trans. R. Waterfield (Oxford: Oxford University Press, 2010). 폴
   리비오스, 『역사』, R. 워터필드 옮김 (옥스퍼드대학 출판부, 2010)

| 결론: 사랑과 작별

1. 팔리어로 쓰인 불경인 『남전대장경』 중 『사유경』에 나오는 뗏목의 비유에서 영감을 얻었다.

UNTACT AGE 젊은 리더들을 위한 철학 수업

초판 발행 | 2020년 12월 25일

지은이 | 케이반 키안
옮긴이 | 서나연

펴낸이 | 김채민
펴낸곳 | 힘찬북스
출판등록 | 제410-2017-000143호
주소 | 서울특별시 마포구 망원로 94, 301호
전화 | 02-2272-2554
팩스 | 02-2272-2555
이메일 | hcbooks17@naver.com

ISBN 979-11-90227-12-4 03190

값 13,800원